Leben.Lieben.Arbeiten SYSTEMISCH BERATEN

Herausgegeben von
Jochen Schweitzer und
Arist von Schlippe

Günter Engel

Achtsame Selbstführung und Führung im Schulsystem

Herausforderungen – Zwickmühlen – Lösungen

Mit 6 Abbildungen und einer Tabelle

Vandenhoeck & Ruprecht

Bibliografische Information der Deutschen Nationalbibliothek:
Die Deutsche Nationalbibliothek verzeichnet diese Publikation in der Deutschen Nationalbibliografie; detaillierte bibliografische Daten sind im Internet über https://dnb.de abrufbar.

Umschlagabbildung: akiyoko/shutterstock.com

Satz: SchwabScantechnik, Göttingen
Druck und Bindung: CPI books, Leck

Vandenhoeck & Ruprecht Verlage | www.vandenhoeck-ruprecht-verlage.com

ISSN 2625-6088
ISBN 978-3-525-40850-6

Inhalt

II Die systemische Beratung

III Am Ende

Zu dieser Buchreihe

Die Reihe »Leben. Lieben. Arbeiten: systemisch beraten« befasst sich mit Herausforderungen menschlicher Existenz und deren Bewältigung. In ihr geht es um Themen, an denen Menschen wachsen oder zerbrechen, zueinanderfinden oder sich entzweien und bei denen Menschen sich gegenseitig unterstützen oder einander das Leben schwermachen können. Manche dieser Herausforderungen (Leben.) haben mit unserer biologischen Existenz, unserem gelebten Leben zu tun, mit Geburt und Tod, Krankheit und Gesundheit, Schicksal und Lebensführung. Andere (Lieben.) betreffen unsere intimen Beziehungen, deren Anfang und deren Ende, Liebe und Hass, Fürsorge und Vernachlässigung, Bindung und Freiheit. Wiederum andere Herausforderungen (Arbeiten.) behandeln planvolle Tätigkeiten, zumeist in Organisationen, wo es um Erwerbsarbeit und ehrenamtliche Arbeit geht, um Struktur und Chaos, um Aufstieg und Abstieg, um Freud und Leid menschlicher Zusammenarbeit in ihren vielen Facetten.

Die Bände dieser Reihe beleuchten anschaulich und kompakt derartige ausgewählte Kontexte, in denen systemische Praxis hilfreich ist. Sie richten sich an Personen, die in ihrer Beratungstätigkeit mit jeweils spezifischen Herausforderungen konfrontiert sind, können aber auch für Betroffene hilfreich sein. Sie bieten Mittel zum Verständnis von Kontexten und geben Werkzeuge zu deren Bearbeitung an die Hand. Sie sind knapp, klar und gut verständlich geschrieben, allgemeine Überlegungen werden mit konkreten Fallbeispielen veranschaulicht und mögliche Wege »vom Problem zu Lösungen« werden skizziert. Auf unter 100 Buchseiten, mit etwas Glück an einem langen Abend oder einem kurzen Wochenende zu lesen, bieten sie zu dem jeweiligen lebensweltlichen Thema einen schnellen Überblick.

Die Buchreihe schließt an unsere Lehrbücher der systemischen Therapie und Beratung an. Unsere Bücher zum systemischen Grundlagenwissen (1996/2012) und zum störungsspezifischen Wissen (2006) fanden und finden weiterhin einen großen Leserkreis. Die aktuelle Reihe erkundet nun das kontextspezifische Wissen der systemischen Beratung. Es passt zu der unendlichen Vielfalt möglicher Kontexte, in denen sich »Leben. Lieben. Arbeiten« vollzieht, dass hier praxisbezogene kritische Analysen gesellschaftlicher Rahmenbedingungen ebenso willkommen sind wie Anregungen für individuelle und für kollektive Lösungswege. Um klinisch relevante Störungen, um systemische Theoriekonzepte und um spezifische beraterische Techniken geht es in diesen Bänden (nur) insoweit, als sie zum Verständnis und zur Bearbeitung der jeweiligen Herausforderungen bedeutsam sind.

Wir laden Sie als Leserin und Leser ein, uns bei diesen Exkursionen zu begleiten.

Jochen Schweitzer und Arist von Schlippe

Vorwort

Ich könnte dieses Vorwort mit mehreren Problembeschreibungen beginnen, was in Bezug auf das System Schule eine lange Tradition hat, etwa mit dem folgenden Witz, den Sie als Leserin vermutlich in verschiedenen Variationen kennen:

»Mama, ich will nicht in die Schule! – »Kind, warum denn nicht?« – »Mama, die sind alle so böse zu mir!« – (Nach mehreren weiteren, die Mutter entnervenden Sequenzen): »Kind, nun reiß dich mal zusammen und geh hin, schließlich bist du doch der Direktor!«.

Oder mit dem Zitat eines Schulleiters in diesem Buch (S. 24 in Kap. 1.4): »Ich fühle mich nicht wie der Käse im Sandwich, sondern wie das Hackfleisch im Hamburger«. Oder mit dem Zweizeiler: »Schulleiter werden ist nicht schwer, Schulleiter sein dagegen sehr« – eine kurze Formel für die Tatsache, dass deutschlandweit derzeit zahlreiche Schulleitungsstellen nicht besetzt und nicht besetzbar sind. Warum eigentlich ist die ehemals hochrespektierte Stelle einer Schulleitung etwas, das Schulämter derzeit wie saures Bier anbieten müssen? (Eine Frage, die dieses Buch überzeugend beantwortet).

Viel lieber beginne ich das Vorwort, nach zweimaliger und für mich jedes Mal gewinnbringender Lektüre des Textes, mit einem Kompliment an seinen Autor. Günter Engel schreibt dieses Buch hauptsächlich für Schulleiter, für Lehrerinnen und Lehrer, die Schulleiter werden wollen und für Berater, die Schulleitungen und Schulleitungsteams zur Seite stehen. Aber eigentlich ist es ein tolles Buch für jede Führungskraft, die entspannt, achtsam und lebensfroh sich selbst und andere führen möchte. Für Menschen, die anstrengende Probleme in »reizvolle Herausforderungen« umformen möchten, die »Konflikte begrüßen« lernen wollen, die dabei zugleich mit sich und ihren Mitarbeitern »achtsam« umgehen möchten. Und für alle, die Führungskräfte bei diesem Unterfangen beraten.

Günter Engel ist ein Schulleiter mit einem besonderen Spektrum an Begabungen, Ausbildungen, Erfahrungen und Blicken auf die Welt. Wie viele seiner Generation nach Studienabschluss in den 1980er Jahren erst einmal nicht als Lehrer eingestellt, wurde er zunächst systemischer Familientherapeut. Er arbeitete in der ambulanten Familienberatung und in der ambulanten Suchttherapie. Später ist er dann doch Lehrer geworden, er gründete einen Schulzirkus, der mit dem Deutschen Schulpreis ausgezeichnet wurde und mit dem er durch ganz Deutschland tingelte. Er bildete sich zum systemischen Supervisor und im systemischen Schulmanagement weiter, wurde im Saarland Landesbeauftragter für Gesunde Schulen und schließlich mit fast 50 Jahren Rektor einer Gemeinschaftsschule. Über 15 Jahre Selbsterfahrung als Schulleiter werden bei ihm durch langjährige Tätigkeit in Lehrerfortbildung, Schulbegleitung und Schulleitungscoaching ergänzt. In den letzten Jahren kamen bei ihm die Beschäftigung mit Achtsamkeitspraktiken und mit der Neurobiologie hinzu. Achtsamkeitsübungen vor Arbeitsbeginn und Saxofonspielen nach dem täglichen Arbeitsende geben in seiner heutigen Schulleiterpraxis anstrengenden Arbeitstagen einen guten Rahmen.

All diese satte Lebenserfahrung, kunstvoll kumuliert mit system- und anderen ergänzenden theoretischen Perspektiven, versammelt sich in diesem Buch. Leserinnen und Leser finden vertraute Lösungsansätze wie Dilemmakompetenz (Zwack u. Bossmann, 2017), Neue Autorität (Omer u. von Schlippe, 2002, 2004; Baumann-Habersack,

2019), Polykontexturalität (von Schlippe, 2019), die polyvagale Co-Regulation (Porges, 2010) oder das Rad der Selbstführung (angelehnt an Molter u. Nöcker, 2018), allesamt sehr elegant auf Schule angewandt, in diesem Buch in kreativer Abwandlung wieder. Nichts davon bleibt abstrakter Slogan, jedes vom Autor eingeführte Theoriefragment wird sogleich zum praktischen Handwerkszeug, umsetzbar in Mimik, Gestik, Bewegungen, Atmung, Sprechweise, Selbsterkundung, Klärungsgesprächen und Konferenzen.

Durch das Buch begleitet uns der fiktive Schulleiter Göbel. Zu Beginn leiden wir mit ihm in mehreren heiklen Situationen und an überfordernden Arbeitstagen. Am Ende des Buchs freuen wir uns mit ihm, wie er vielen Gefahrenmomenten glücklich entronnen ist. Vielleicht beginnen wir die Lektüre sogar mit dem abschließenden Kapitel »Herr Göbel wirkt irgendwie gelassener«. Da sehen wir, wie Herr Göbel all die Anregungen dieses Buchs sich zu eigen gemacht hat und nun freundlich lächelnd, mit Blickkontakt und aufrechtem Gang, präsent und ausgeglichen durch seinen Schulleitungstag wandert, und wie sich diese Veränderung auf das von ihm geführte System Schule ausweitet. Und in dem Augenblick, gestehen wir es uns ein, da möchten wir alle gern ein bisschen wie Herr Göbel sein.

Aber wir wünschen Schulleiter Göbel auch, dass sich im System Schule in den nächsten Jahrzehnten manches zum Besseren wenden möge, was er als Schulleiter nicht allein beeinflussen kann. Man wünscht ihm, dass seine Schule von Schulamt und Kultusministerium mehr Selbständigkeit in Personalbesetzung und Unterrichtsgestaltung zugestanden bekommt, er selbst mehr Stunden für seine Leitungstätigkeit und genügend Sekretariatsunterstützung erhält, dass Eltern und Schüler wieder respektvoller gegenüber Lehrern und Schulleitung agieren und dass Lehrerkollegien sich vermehrt als Kollektive verstehen, in denen es sich gemeinsam besser arbeitet als allein.

Nun wünsche ich jeder Leserin oder jedem Leser, sie oder er möge nach der Lektüre eine ähnliche glückliche Metamorphose erleben wie Schulleiter Göbel.

Jochen Schweitzer

Einleitendes

Worum geht es?

Händeringend werden Schulleiter[1] gesucht. Viele Schulleiterstellen sind in Grundschulen unbesetzt. Wenn sie besetzt werden, sind es oft junge Lehrerinnen, die mit viel Leidenschaft und Herzblut an diese komplexe Aufgabe herantreten. Wie können wir als Führungskraft im Schulsystem, zwischen allen Stühlen sitzend, die vielfältigen Herausforderungen gut bewältigen? Wie können wir achtsam mit uns und unseren Kollegen, den Eltern und Schülerinnen und Schülern umgehen lernen? Es geht in diesem Buch darum, wie wir selbst Einfluss auf uns nehmen können. Es geht um achtsame Selbstführung und Führung in einem herausfordernden Terrain. Die dafür hilfreichen, theoretischen und praktisch erprobten Werkzeuge werden in diesem Buch an Praxisbeispielen vorgestellt.

Viele meiner Kolleginnen und Kollegen erleben Herausforderungen, die an die Grenzen der Belastbarkeit gehen und manchmal auch darüber hinaus. Dabei erbringen viele Schulleiterinnen mit ihrem Kollegium, der Schülerschaft und den Eltern erstaunliche Erfolge. Die vielen Schulen, die sich jährlich beim Schulpreis der Bundesländer und beim Deutschen Schulpreis beteiligen, zeigen exemplarisch, was Führungskräfte in Schulen zusammen mit Mitgliedern

1 Ich verwende im Text in zufälliger Folge die weibliche und männliche Form. Im Sinne der gendersensiblen Sprache mögen sich bitte alle mitgemeint fühlen.

der Schulgemeinschaft schon seit Jahren leisten können (www.deutscher-schulpreis.de). Die psychischen und physischen Kosten für die einzelnen Schulleiter und Mitglieder des Schulleitungsteams sind in den Schulen unterschiedlich hoch. Besonders junge Schulleiterinnen in Grundschulen stehen unter einem enormen Belastungsdruck und können kaum Arbeiten delegieren. Obwohl eine Schulleiterin gesetzlich die Verantwortung für die Leitung der Schule hat, ist die Macht ihrer Führungsposition begrenzt (Jahn, 2017). So soll sie Personalentwicklung betreiben, darf aber keine Kolleginnen selbst einstellen oder entlassen. Sie soll eine moderne Schule von unten entwickeln und gleichzeitig strategische Entscheidungen umsetzen, an denen sie nicht beteiligt wird. Es sind weniger die Managementaufgaben, die uns Schulleitern Stress verursachen, sondern die Situation, dass wir zwischen allen Stühlen sitzend, vielen Stakeholdern gerecht werden sollen. Die teilweise widersprüchlichen Erwartungen und Aufgaben können unvorbereitet und ohne eine gute Selbstführung und Selbstfürsorge auf Dauer zu erheblichen gesundheitlichen Belastungen führen. Gesunde Schule gelingt nur mit gesunder Schulleitung.

Eine systemische Betrachtung der Zusammenhänge der Organisation Schule mit ihren Regeln und Strukturen und der dort entstehenden Kommunikationssysteme hilft, Wege zu finden, selbstfürsorglich und achtsam in der Position des Schulleiters handeln zu können. Wenn ich gelernt habe, Wechselwirkungen zwischen meinem Innenleben und meiner Umwelt bewusst wahrzunehmen, kann das ein erster Schritt einer achtsamen Selbstführung im Schulsystem sein.

Das Buch gibt einen Einblick in die reale Welt der Schulleitungstätigkeit. Es werden Wege beschrieben, wie Führungspersonen in Schulen auf elegante Art lernen können, sich selbst so zu führen, dass sie nachhaltig und auf gesunde Weise die Herausforderungen des Arbeitsalltages bewältigen können.

Warum schreibe ich dieses Buch?

Meine Motivation, dieses Buch zu schreiben, ist eng verbunden mit meiner Erfahrung als Lehrer und Schulleiter, meiner Tätigkeit als systemischer Berater in der Schulleiterfortbildung und meinem Interesse an der eigenen Weiterentwicklung als Führungskraft. Meine Erfahrungen nach 15 Jahren Schulleitertätigkeit zeigen, dass Führungshandeln und Selbstführung unzertrennlich zusammenwirken. Wenn Schulleiter nicht lernen, gut für sich und die Organisation zu sorgen und elegante Lösungen zu finden, wird dieser Job auf Dauer keine Erfüllung sein. Für die Bewältigung enormer Herausforderungen in der Führung komplexer Organisationen sind achtsame Selbstführung, theoretische Erkenntnisse und praktische Erfahrungen hilfreich. Bewährte Denk- und Handlungsoptionen aus der Systemtheorie und anderen Theoriekonzepten zeigen Wege auf, komplexe Zusammenhänge verstehbar zu machen und in verzwickten Situationen kreative Lösungen zu finden. Theorien können wie eine Landkarte Orientierung geben, größere Zusammenhänge aufzeigen und dabei helfen, den eigenen Standpunkt zu finden. Die Landschaft ist in diesem Falle die Leitung einer Schule mit ihren unterschiedlichen Wegen und Herausforderungen und den vielen Optionen für die eigene Selbstfürsorge, um sich gesund in diesem Gebiet bewegen zu können.

Warum systemische Theorie und Praxis?

Rückblickend auf einen Zeitraum von mehr als dreißig Jahren als Lehrer und Schulleiter kann ich sagen, dass die Beschäftigung mit der Systemtheorie und systemischen Praxis meine persönliche und berufliche Entwicklung maßgeblich positiv beeinflusst haben. Mein Interesse an der Umsetzung systemischer Praxis in Beratung, Fortbildung und im Schuldienst bekam 1986, nach meinem Ersten Staatsexamen für das Lehramt an Realschulen, einen ersten Impuls mit der

Ausbildung als Familientherapeut am Weinheimer Institut für Familientherapie e. V. Während und nach dieser Ausbildung konnte ich als Familientherapeut einige Erfahrungen in der ambulanten Familienberatung und in der ambulanten Suchttherapie sammeln. Das Eintauchen in die Welt der systemischen Supervision und Organisationsberatung sowie die Sensibilisierung für Wechselwirkungsprozesse zwischen Führungsperson und Organisation waren wichtige Aspekte meiner weiteren Ausbildung als systemischer Supervisor und Organisationsberater am Helm Stierlin Institut in Heidelberg. Der Masterstudiengang »Schulmanagement« am Distance and Independent Studies Center der Technischen Universität in Kaiserslautern half mir, den Kontext Schulsystem aus wissenschaftlicher Sicht intensiv zu studieren. Diese Ausbildungen während meiner Tätigkeit als Lehrer und später als Schulleiter gaben mir Mut und Sicherheit, neue Entwicklungsfelder und Kommunikationsräume in der Position des Schulleiters zu erproben. Seit dieser Zeit stehe ich auch als Mitglied der Deutschen Gesellschaft für systemische Pädagogik in einem ständigen Austausch mit Kolleginnen und Kollegen, die sich in der Weiterentwicklung der systemischen Pädagogik engagieren und dort neue Akzente gesetzt haben. Mit diesem Netzwerk im Rücken und einem engagierten Kollegium konnte ich Möglichkeiten systemischer Praxis in Schulen Schritt für Schritt weiter erproben und Erfahrungen reflektieren.

Warum achtsame Selbstführung?

Die neuen Erkenntnisse der Achtsamkeitsforschung in Schulen (Kaltwasser, 2016, 2018; Rechtschaffen, 2016, 2018) und die dafür notwendigen, täglichen Übungen aus dem Mindfulness-Based Stress Reduction-Programm (MBSR, Kabat-Zinn, 1990/2013) haben mein Führungsverhalten verändert. Obwohl meine Position und meine Arbeit als Lehrer und Schulleiter viele schöne Momente hat und ich diesen Job für diejenigen, die Lust auf Selbstführung und Führung haben, nur empfehlen kann, sind die Herausforderungen als Leiter eines komplexen Systems Schule nicht zu unterschätzen. Die unterschiedlichen Erwartungshaltungen, die teilweise paradox wirkenden Anforderungen und das hohe Arbeitstempo verlangen förmlich nach einer achtsamen Selbstführung zur Erhaltung der inneren Balance und Präsenz. Jeder weiß, dass die Kommunikation mit Kollegen in Stresssituationen eine andere Qualität hat als in einer entspannten und gelassenen Haltung und Umgebung.

Kurzer Überblick

In diesem Buch werde ich zunächst auf unterschiedliche Herausforderungen der Arbeit eines Schulleiters und der damit verbundenen Notwendigkeit und Sinnhaftigkeit der Selbstführung eingehen. Dabei werde ich die besonderen Strukturen und Rahmenbedingungen von Schule und Führung beschreiben. In Teil II skizziere ich theoretische und praktische Werkzeuge, die mir bisher geholfen haben, mich als Führungsperson im Schulsystem Schritt für Schritt weiterzuentwickeln. In Teil III zeige ich gelungene Praxis anhand konkreter Beispiele und realer Szenarien aus dem Führungsalltag in Schulen. Dabei arbeite ich heraus, welche Vorteile die Umsetzung achtsamer Selbstführung und systemischer Praxis im Führungsalltag von Schule bietet. Mit kleinen Reflexionsübungen sind Sie als Leserin eingeladen, sich in die knifflige Situation von Schulleiter Göbel zu versetzen, um selbst nachzuspüren, wie Sie körperlich und emotional reagieren. Der Name Göbel ist zufällig gewählt und steht für viele Schulleitungsmitglieder, die ähnliche Situationen erlebt haben.

I

Der Kontext

1 Herausfordernde Aufgaben von Schulleitern

Fragt man junge Kolleginnen, von denen man den Eindruck hat, dass sie bereits jetzt viele Fähigkeiten für die Position der Schulleiterin zeigen, ob sie sich für eine Schulleitungsstelle bewerben würden, bekommt man oft folgende Antwort: »Bist du verrückt? Den Stress, den du hast, wollte ich nicht erleben und schon gar nicht für die 400 Euro, die es dafür mehr gibt. Außerdem muss ich zwei bis drei Jahre warten, bis ich das Gehalt einer Schulleiterin bekomme. Die vielen Zusatztermine, teilweise heftigen und emotional geführten Auseinandersetzungen sind ja eine Zumutung. Außerdem muss ich ja über die Hälfte meiner Zeit unterrichten und Arbeiten korrigieren. Nicht mit mir!«

Was sind die Herausforderungen, denen heutige Schulleiter ausgesetzt sind? Um Antworten auf diese Frage zu geben, lohnt es, zu unterscheiden zwischen den äußeren Rahmenbedingungen und den Erwartungen, die von außen auf die Schulleiterin gerichtet sind, sowie die inneren Erwartungen, Dispositionen und Befindlichkeiten. So können innere Antreiber und Glaubenssätze wie: »sei perfekt«, »mach es allen Recht«, »beeile dich«, »arbeite viel und hart, dann erfährst du Anerkennung und bist was wert«, fest verankert sein. Sie können Führungspersonen zu Höchstleistungen antreiben, aber auch gesundheitliche Folgen haben. Chancen, die äußeren Rahmenbedingungen zu verändern, wie etwa mehr Deputate für die Führungsarbeit im Schulleitungsteam oder mehr Einfluss auf die Personalrekrutierung zu bekommen, sind gering. Veränderungen in den Erwartungshaltungen der Stakeholder zu erzeugen, ist ebenfalls kaum möglich. Einzig die Veränderungen eigener Erwartungshaltungen, eigener Glaubenssätze oder die Veränderung des eigenen Verhaltens und der eigenen Haltung liegen im Einflussbereich des Schulleiters. Mahatma Gandhis Zitat: »Sei du selbst die Veränderung, die du dir wünschst für diese Welt«[2], passt als Motto der achtsamen Selbstführung.

Reflexionsübung: Leserinnen und Leser, die einige Reflexionsübungen während des Lesens machen wollen, sollten den folgenden Hinweis beachten. Lesen Sie den Text im Praxisbeispiel langsam und versuchen Sie, sich in die Rolle von Herrn Göbel hineinzuversetzen. Versuchen Sie nachzuspüren, wie es Ihnen in dieser Situation ergehen würde. Welches Körpergefühl nehmen Sie wahr? Verändert sich Ihr Herzschlag? Wie würden Sie sich weiter verhalten? Was würden Sie den Eltern antworten? Welche Ihrer Kompetenzen würden Ihnen in der Situation helfen? Welche Kompetenzen würden Sie gern in den nächsten Monaten in ähnlichen Situationen erproben wollen?

1.1 Praxisbeispiel 1: »Herr Göbel, ich habe nichts gegen Sie persönlich, aber …«

Ausgangssituation: Es findet ein Elterngespräch im Schulleiterbüro von Herrn Göbel, einem Amtsneuling in der Schulleiterposition, statt. Angemeldet sind Eltern, die sich Sorgen um die weitere Schullaufbahn ihres Sohnes machen. Nach der freundlichen Begrüßung ergreift der Vater das Wort:

»Herr Göbel, ich habe nichts gegen Sie persönlich und Sie haben sicherlich ein schwieriges erstes Jahr als Schulleiter hinter sich, aber wenn Sie die Note meines Sohnes nicht um zwei Punkte erhöhen, damit er in die Oberstufe kommt, werden Sie in den Ferien durch meinen Rechtsanwalt sechs Wochen beschäftigt sein. Machen Sie

2 https://www.zitate-online.de/sprueche/historische-personen/18971/sei-du-selbst-die-veraenderung-die-du-dir.html. Zugriff am 13.11.19.

jetzt in den Sommerferien eine Telefonkonferenz mit den entsprechenden Kollegen und beschließen Sie, die Zensur meines Sohnes in Mathematik anzuheben. Sie haben die Möglichkeiten dazu. Außerdem wissen Sie ja, dass es das Ministerium in der Anerkennungsphase nicht gern sieht, wenn Sie ein Gerichtsverfahren am Hals haben. Bis Samstag wollen wir eine Entscheidung, dann fahren wir in Urlaub. Übrigens hat mir eine Kollegin am Telefon gestanden, dass die meisten Kollegen für eine Anhebung der Noten wären und dafür stimmen würden.«

Herr Göbel macht sich in geduckter Haltung, mit flachem Atem und zittriger Hand unlesbare Notizen. Seine Kehle fühlt sich trocken an, seine Stimme ist sehr leise. Ab und zu geht sein Blick für eine Zehntelsekunde in Richtung der Eltern. Dann senkt er ihn wieder auf seinen Notizblock. Wie in Trance kreist ein einziger Gedanke in seinem Kopf: »Vorsicht, der Mann hat gute Kontakte zum Ministerium …«

1.2 Praxisbeispiel 2: »Herr Göbel, soll ich ehrlich sein? Frau Müller muss weg!«

Ausgangssituation: Es steht ein Klärungsgespräch im Schulleiterbüro an. Anwesend sind der Schulleiter Herr Göbel, die Lehrerin Frau Müller und eine Mutter, Frau Meier, mit ihrem Sohn Lars. Nach einer freundlichen Begrüßung der Familie Meier und der Lehrerin richtet Schulleiter Göbel das Wort an die Mutter: »Frau Meier, welches Ziel haben Sie für dieses Klärungsgespräch?«

Daraufhin Frau Meier: »Herr Göbel, soll ich ehrlich sein? Soll ich wirklich ehrlich sein?«

Herr Göbel: »Ja, bitte, ich werde mir alles auf der Flipchart aufschreiben. So haben wir gleichzeitig ein Gesprächsprotokoll, dass jeder später abfotografieren kann.«

Frau Meier (mit erregter Stimme und verzerrter Mimik): »Ich habe nur ein Ziel: Frau Müller muss weg! Sie hat meinen Sohn auf dem Kieker und ist unfähig, zu unterrichten. Immer ist mein Sohn an allem schuld. Frau Müller muss weg!«

Daraufhin Frau Müller (mit rotem Kopf und voller Empörung): »Unverschämt, diese Person. Das lass' ich mir nicht länger bieten. Erziehen Sie doch zuerst mal Ihr Kind richtig! Überhaupt, was soll das Gespräch hier?«

Der Schulleiter: …

1.3 Praxisbeispiel 3: »Ich schmeiß den Kram hin, ich habe die Nase voll!«

Einen Tag nach der Personalratssitzung erhält Schulleiter Göbel das Protokoll der Sitzung. Während er liest, verändert sich plötzlich sein Herzschlag; er wird knallrot im Gesicht und ringt nach Luft; seine Hände zittern vor Wut und Aufregung. Er ruft sofort seinen Didaktik-Leiter zu sich und schreit ihn an: »Hast du das gelesen? Unverschämt! Auch dieser Ton. Nur Negatives. Ich schmeiß den Kram hin. Sollen sie doch selbst die Arbeit machen. Nichts über das, was gut läuft, wird berichtet. Typisch Lehrer. Ich habe die Nase voll. Ich soll mit mehr Entschlossenheit führen? Jetzt werden sie es spüren …«

Die Fortsetzung und Auflösung der beschriebenen Praxisbeispiele finden Sie in Teil III. Die theoretischen und praktischen Werkzeuge für den Umgang mit diesen und anderen Herausforderungen werden in Teil II beschrieben. Weitere konkrete Herausforderungen an Führungspersonen im Schulsystem stelle ich im Folgenden zusammen.

1.4 Multitalent in der Sandwichposition

»Ich fühle mich nicht wie der Käse im Sandwich, sondern wie das Hackfleisch im Hamburger«, so die Aussage eines Schulleiters während eines Workshops zu »Self Leadership und Führung«. Schulleiterinnen befinden sich in einer Position innerhalb des Schulsystems, bei der sie permanent ausbalancieren müssen zwischen vielfältigen Erwartungen von Menschen aus unterschiedlichen Kontexten und Hierarchieebenen (siehe Abbildung 1): Von oben will die Schulbehörde ihre Beschlüsse umgesetzt haben, von unten hat das Kollegium berechtigte Anliegen an einen guten Arbeitsplatz und eine moderne Ausstattung, von der Seite fordern die Eltern unterschiedliche Angebote für ihre Kinder und gute Abschlüsse. Außerdem sollen sich die Kinder in der Schule wohlfühlen können. Von hinten wünschen sich die Schülerinnen und Schüler einen abwechslungsreichen Unterricht und interessante Projekte. Auch vom Schulleiter erwarten sie einen guten Unterricht. Von der einen Ecke verlangt der Schulträger ein gutes Gebäudemanagement und Einsparungen. Von der anderen Ecke wünschen sich alle eine moderne technische Ausstattung. Die Presse setzt auf eine professionelle Öffentlichkeitsarbeit. Die Lehramtsanwärterinnen erwarten eine gute Beurteilung. Das Jugendamt wünscht sich multiprofessionelle Beratungsarbeit und der Schulpsychologe die Umsetzung eines Therapieplanes. Die Schulinspektion strebt eine externe Evaluation und die Inklusionsbeauftragte eine gute Kooperation an. Außerdem wollen alle eine gesundheitsfördernde Schule und der Schulleiter soll darin Vorbild sein. Bei diesen unterschiedlichen Erwartungen kann es einem Schulleiter schnell schwindelig werden, so als würde er permanent Karussell fahren – eine echte Herausforderung.

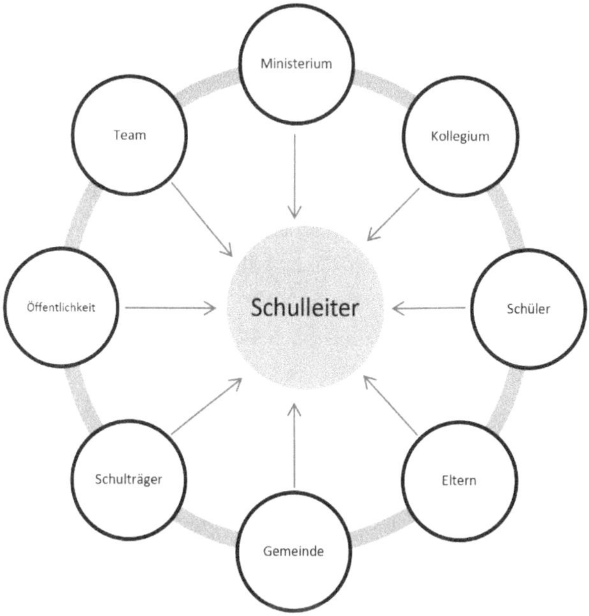

Abbildung 1: Schulleiter in der Sandwichposition

1.5 Gefangen im Dilemma

Eine besondere Herausforderung für Schulleiterinnen sind sich widersprechende Erwartungen an sie wie: »Führe von oben mit klaren Anweisungen und führe gleichzeitig auf Augenhöhe«, oder: »Treffe klare Entscheidungen, dann habe ich eine Orientierung, aber ich möchte mit dir verhandeln, wenn es um eine Vertretungsstunde geht«. Der Schulleiter kann hier schnell in ein Dilemma sich widersprechender Erwartungen geraten. Noch auswegloser scheint es, wenn Schulleitungspersonen zwischen Erwartungshaltungen des Bildungsministeriums und des Kollegiums kommen.

So kann eine Schulleiterin schnell in eine Zwangslage geraten, wenn die strategische Ausrichtung des Bildungsministeriums (z. B. in Form eines neuen Erlasses oder einer neuen Oberstufenreform) verknüpft mit der Erwartung der sofortigen Umsetzung in der Schule, dem Werteverständnis der Schulleiterin nicht entspricht. Dann befindet sie sich in einem Dilemma: Sie muss sich zwischen der sprichwörtlichen Pest und Cholera entscheiden. Verstärkt wird die Zwickmühle, wenn die Schulleiterin daran festhält, eine Lösung finden zu müssen (vgl. Zwack u. Bossmann, 2017). Sie muss Entscheidungen durchsetzen, bei denen sie nicht beteiligt war und die sie manchmal nicht akzeptieren kann. Sie kommt in die paradoxe Situation: Setze das um, was wir (Schulbehörde) von oben wollen und setze das durch, was wir (Kollegium) von unten nicht wollen. In solchen Konstellationen kann ein Schulleiter in den inneren Kampf geraten, gegen seine Werte handeln zu müssen. Er gerät in einen Loyalitätskonflikt. Diese Situationen können ihm viel Energie entziehen, Frustration erzeugen und emotional aufwühlend sein. Der Umgang mit solchen Dilemmata ist eine herausfordernde Aufgabe für jeden Schulleiter.

1.6 Schulleiterin, Lehrerin und Sekretärin

Das Besondere an einer Führungsperson im Kontext Schule besteht darin, dass sie einerseits Schulleiterin ist und andererseits auch Lehrerin bleibt. Sie erhält in den ersten zwei bis drei Jahren einer Schulleitungstätigkeit auch weiterhin das Gehalt einer Lehrerin. An Grundschulen ist dieses Verhältnis für eine Schulleiterin so, dass sie 80 bis 90 Prozent ihrer Arbeitszeit als Klassenlehrerin tätig ist und die restliche Zeit für Führungsarbeit zur Verfügung hat. Manchmal muss sie zusätzlich noch Sekretariatsaufgaben übernehmen, da nicht alle Grundschulen mit einer Sekretärin besetzt sind. Die Herausforderung liegt darin, unterscheiden zu können, in welchen Kontexten man sich gerade bewegt und gesprochen wird (von Schlippe, 2019): Wann bin ich Klassenlehrerin, Schulleiterin, Sekretärin? Und wie bekomme ich das alles unter einen Hut, oder brauche ich mehrere Hüte?

1.7 Schulleiter zwischen Gestalter und Verwalter

Junge Schulleiterinnen, die neu im Amt sind, wollen Schule oftmals neu gestalten. Dabei stoßen sie schnell auf die harte Realität der Schulorganisation und die vielfältigen Aufgaben, die sich in einem Schuljahr ansammeln. Rasch richtet sich die Aufmerksamkeit ganz auf die Bewältigung des Schulalltags. Das bedeutet: mehrere Stunden Unterricht müssen geplant, durchgeführt und nachbereitet werden, Büroarbeit, Beratungsgespräche und viele andere Aufgaben verlangen nach Erledigung. Es gibt keine Systemzeit für Teamarbeit und Schulentwicklung. Das Kollegium verlässt nach der Unterrichtszeit das Gebäude und arbeitet zu Hause an den Unterrichtsvorbereitungen und Korrekturen von Schülerarbeiten. Zeit für notwendige Diskussionen und Auseinandersetzungen über die Ausrichtung der Schule und die Entwicklung von Visionen und Leitgedanken ist in vielen Schulen kaum vorhanden oder wird wenig ausgefüllt. Daher ist der Ausspruch einer erfahrenen Konrektorin und Organisationsleiterin – »Bleib mir weg mit deinen Visionen, wir haben Arbeit genug.« – gegenüber ihrem neuen Schulleiter verständlich. Sie ist täglich mit Vertretungsplänen, Unterrichtsausfall oder permanenten Anfragen aus dem Kollegium beschäftigt. Die Energien der Kolleginnen und Kollegen in Schulen sind auf die Bewältigung des Arbeitsalltags gerichtet. Das Kerngeschäft besteht in gutem Unterricht. Gleichzeitig ist Schulleitung aufgefordert, Schule weiterzuentwickeln, neue

Gestaltungsformen zu initiieren und die Schulqualität zu verbessern. Für diese Aufgaben genügend Zeiträume zu finden, ist eine große Herausforderung für jedes Schulleitungsmitglied.

1.8 Personalentwicklerin zwischen Schulbehörde und Schule

Eine weitere Herausforderung besteht für die Schulleitung darin, eine Balance zu finden zwischen einer kontinuierlichen Personalentwicklung innerhalb der Schule und dem Umgang mit Personalentscheidungen des Ministeriums oder der oberen Schulbehörde. Schulleiterinnen haben ein großes Interesse daran und auch den Auftrag, eine gute Personalentwicklung nachhaltig zu betreiben. Schulleiterinnen sind bemüht, junge Kolleginnen bereits während der Referendariatszeit für die eigene Schule zu gewinnen. Passt die Fächerkombination und wollen beide Seiten, dass die Referendarin von der Schule übernommen wird, kann die Schulbehörde dennoch eine ganz andere Entscheidung treffen. Aufgrund der zentralistisch organisierten Rekrutierung und Verteilung von Lehrpersonal fällt die sinnvolle Personalentwicklung an einer Einzelschule schnell einmal unter den Tisch. Aus dem Kontext Schule und dem Kontext Schulbehörde sind beide Vorgehensweisen für sich sinnvoll und berechtigt. Allerdings kommt die Schulleiterin dadurch in die widersprüchliche Situation, als Führungsperson selbstständig und selbstverantwortlich eine gute Personalentwicklung leisten zu wollen und dies gleichzeitig nicht zu dürfen. Aus dem Kontext einer Beamtenstruktur ist die Sachlage geklärt und die Schulleiterin muss die Entscheidungen des Ministeriums akzeptieren und umsetzen. Aus der Perspektive der Gestalterin von Schule und Personalentwicklung kann die Schulleiterin wieder in ein Dilemma geraten, in der Personalentwicklung eigentlich anders entscheiden zu wollen als von Schulbehörde und Ministerium vorgesehen. Sie muss mit dieser Paradoxie umgehen lernen, um nicht zu verzweifeln. Die Gefahr von paradoxen Herausforderungen ist, dass man »die Welt nicht mehr versteht«, Wutanfälle bekommt oder ein Gefühl von Ohnmacht oder Resignation entwickelt. Das Gefühl der Selbstwirksamkeit geht dann verloren und das Gefühl der Demontage bleibt. In dieser Zwickmühle handlungsfähig zu bleiben, gehört zu den fordernden Aufgaben einer Schulleitung.

1.9 Umgang mit Angst, Wut und anderen Emotionen

In der Schule toben die Emotionen, und das ist gut so. Ohne Emotionen gäbe es keine Bewegung, wäre Leben nicht möglich. Schule ist daher ein hervorragender Ort, zu lernen, mit Emotionen umzugehen. Sie zu regulieren, ist manchmal auch für Lehrkräfte ein Problem. Besonders dann, wenn der Stresspegel sehr hoch ausfällt. Dann können sich Emotionen in Empörung und Zorn entladen. Dies kann im Sinne eines reinigenden Gewitters sinnvoll sein, fördert aber selten Sicherheit in den Beziehungen. Die Herausforderungen für Schulleiter und Lehrerinnen liegen darin, sich von den Emotionen nicht »kidnappen« zu lassen. Der Emotion ausgeliefert zu sein, schränkt Denken und besonnenes Handeln ein und macht kooperatives Führen schwierig.

Was in der Ausbildung von Lehrkräften und in der Fortbildung für Schulleiter kaum angesprochen und geübt wird, ist der Umgang mit Emotionen, insbesondere der Umgang mit der eigenen Angst. Die Angst des Schulleiters wird tabuisiert (Buchen, Horster u. Rolff, 2000). Dabei gehören Fühlen und Denken zusammen. Denken und Fühlen beeinflussen sich gegenseitig (Ciompi, 2019). Gerade weil Gefühle in Schulen eine bedeutende Rolle spielen und es im Klassenraum, auf dem Schulhof oder im Lehrerzimmer oft heiß hergeht, erhält die emotionale Kompetenz in der schulischen Führungsarbeit ein besonderes Gewicht. So können bereits kleinste Gesten von Mitarbeitern große Auswirkungen auf eine Führungsperson haben, wie folgendes Beispiel zeigt: »Wenn ich morgens den Blick meiner Sekretärin wahrnehme und sie schaut mich verärgert an, ist der Tag für mich gelaufen. Ich bin dann wie gelähmt. Wie kommt das?« Diese beispielhafte Anfrage im Schulleitungscoaching zeigt, wie sensibel Schulleiter allein auf Blicke reagieren können. In diesem Fall stellte sich heraus, dass die Schulsekretärin im Laufe ihrer Dienstjahre enorme Macht und Einfluss auf die Schulorganisation erhalten hatte. Diese Entscheidungsmacht konnte (musste) die Sekretärin übernehmen, weil der vorherige Schulleiter zugelassen hatte, dass sie organisatorische Entscheidungen, wie z. B. die Terminplanung für Klassenkonferenzen oder Vertretungseinsatz, selbst festlegen konnte. An diesem Machtmonopol kratzte nun der neue Schulleiter, indem er ihr zu verstehen gab, dass wichtige Entscheidungen zukünftig von der Schulleitung selbst getroffen würden. Die Sekretärin erwiderte diese Einschränkung ihrer Macht mit einem machtvollen Blick.

Interessant ist auch die ängstliche Reaktion von Schulleitern, wenn in einer Gesamtkonferenz oder Dienstbesprechung eine Empörung über das Verhalten der Schulleitung in einer Tonlage ausgesprochen wird, die sie als bedrohlich empfinden. Die Bedrohung äußert sich bei der Schulleitungsperson dann körperlich und ohne eine willentliche Entscheidung in erhöhter Herzfrequenz oder einfach innerer Unruhe. Im Beratungsprozess schildern Schulleiter unterschiedliche Reaktionsweisen auf eine Verunsicherung in der Dienstbesprechung. Die einen sind ebenfalls empört und verteidigen sich lautstark, andere ducken sich eher bei einer solchen Konfrontation und vertagen das Konfliktthema. In beiden Fällen scheint Angst ein Motor der Reaktion zu sein (Buchen, Holster u. Rolf, 2000).

Normalerweise geht man davon aus, dass Menschen in Führungspositionen wenig Angst zeigen. Mit wem will eine Schulleiterin auch über Ängste sprechen? In einer Untersuchung von Horster, Angiletta und Burkard (2000) wurden bei Befragungen von Amtsneulingen in der Schulleitung folgende Angst auslösende Faktoren aufgelistet (S. 41):

- gefährdetes Ansehen der Schule,
- fehlende Akzeptanz im Kollegium,
- rückläufige Anmeldezahlen,
- Widerstand im Kollegium,
- Unzuverlässigkeit von Kollegen,
- Verwahrlosung der Schule,
- Ansprache dienstlicher Fehlverhalten von Kollegen,
- Konflikte.

Es bleibt einem Schulleiter während seiner Amtszeit nicht erspart, Möglichkeiten finden zu müssen, mit seiner Angst umzugehen. Hierin liegt auch der Reiz, über Selbstreflexion, Supervision oder Coaching neue Verhaltensmöglichkeiten zu entwickeln, mit seinem Angstgefühl selbstfürsorglich umzugehen. Wer diesbezüglich in seinem alten Reaktionsmuster bleibt, läuft Gefahr, in der Angst gelähmt, erstarrt oder mit lautstarker Verteidigung zu reagieren. Supervision, Coaching und eine achtsame Selbstführung können in solchen Situationen hilfreich sein. Das Interessante ist, je mehr man sich bewusst mit der Entstehung von Emotionen und ihren Wirkungen auf Körper und Geist beschäftigt, umso geringer wird die Angst. Das Gefühl der Selbstwirksamkeit steigt und damit auch eine gewisse Gelassenheit gegenüber angstauslösenden Situationen.

1.10 Konflikte begrüßen lernen

Konfliktsituationen im Schulbetrieb sind eng mit Angst verbunden. Jede Organisation braucht Konflikte, um sich weiterzuentwickeln. Mit ihnen können unterschiedliche Erwartungen geklärt und neue Entscheidungen getroffen werden. Schwierig wird es, wenn Konflikte eskalieren und sich die Konfliktparteien gegenseitig abwerten und verletzen. Gefahr für die Schulorganisation droht auch, sobald es zu massiven Machtkämpfen durch einen langanhaltenden Konflikt kommt.

Es vergeht kein Tag im Schulleiterbüro, an dem nicht ein Konflikt zu klären ist. Die Erwartung der Konfliktparteien ist dann: Sorge du (Schulleiterin) für eine Lösung. Die Vielfalt an Konflikten reicht von kleinen Auseinandersetzungen zwischen Schülern bis zur verbalen Bedrohung der Schulleiterin. Für Führungskräfte, die in der eigenen Familiengeschichte und später im Studium und in der Lehrerausbildung wenig Konfliktkompetenz entwickeln konnten, ist, Konflikte begrüßen zu lernen, eine reizvolle Herausforderung. In Abschnitt 2.8 wird ein erprobtes und erfolgreiches Modell zu Konfliktlösungen ausführlich vorgestellt.

1.11 Leitung mit Neuer Autorität, (k)ein Problem?

Führung und Entwicklung von Schule funktioniert heute nicht mehr nach dem Prinzip »Befehl und Gehorsam«. Auch sind die Zeiten des alleinigen Herrschens zumindest in Schulen vorbei. Früher war die Amtsautorität des Schulleiters unantastbar, seine heroischen Führungsqualitäten wurden aus Angst vor Repressalien von den Geführten unhinterfragt hingenommen. In der heutigen Zeit, in der junge Mitarbeiterinnen aus der Generation Y und Z in der Schule arbeiten, würde diese althergebrachte Form der Autorität abgelehnt werden. Führung braucht heutzutage eine andere Form von Autorität, allerdings keine Antiautorität. Schon seit Jahren werden in Schulen Führungsstile erprobt, mit denen Kooperation, Transparenz und wertschätzende Beziehungen gepflegt werden. In heutigen Schulen können Schulleiter Autorität zugesprochen bekommen, wenn sie mit den Mitgliedern einer Schule auch in schwierigen Situationen anschlussfähig und präsent im Dialog bleiben können. Ihre Führungsarbeit wird geschätzt, wenn sie ein gutes Konfliktmanagement pflegen. Im Rahmen dieser Entwicklung finden Schulleiterinnen und Lehrerinnen heute mehr und mehr eine Orientierung in dem Konzept der Neuen Autorität. Dieses Konzept, das auf die Arbeiten des israelischen Psychologen Haim Omer und des deutschen Psychologen Arist von Schlippe zurückgeht, wurde erstmalig 2002 unter dem Titel »Autorität ohne Gewalt« (Omer u. von Schlippe, 2002) in Deutschland veröffentlicht und zwei Jahre später mit der Publikation von »Autorität durch Beziehung« erweitert (Omer u. von Schlippe, 2004). Eine ausführliche Beschreibung über aktuelle Arbeitsfelder und neue Anwendungsgebiete dieses Konzeptes findet man in dem Band »Neue Autorität – Das Handbuch« (Körner, Lemme, Ofner, von der Recke, Seefeldt u. Thelen, 2019). Übertragen auf die Führungsarbeit hat Frank Baumann-Habersack sieben Elemente zusammengestellt, die den Unterschied Alter und Neuer Autorität beschreiben (s. Tabelle 1, Baumann-Habersack, 2019).

Tabelle 1: Die sieben Elemente der Neuen Autorität (in Anlehnung an Baumann-Habersack, 2019, S. 368)

Alte Autorität	Neue Autorität
Belastete Beziehungen und Distanz	Präsenz
Misstrauen und Kontrolle	Selbstführung
Vereinzelung und Konkurrenz	Führungskoalition
Sanktionen und Vergeltung	Wiedergutmachung/Ausgleich und Verzeihung
Intransparenz	Transparenz
Handlungsdruck und Eskalation	Beharrlichkeit und Deeskalation
Andere müssen sich ändern	Reflexion

Um eine Führungskultur in Schulen zu entwickeln, die sich auf die oben beschriebenen Werte einer neuen Führungsautorität bezieht, braucht es Führungskräfte, die bereit sind und Interesse haben, sich selbstreflexive und kommunikative Kompetenzen anzueignen, mit denen diese Werte vorgelebt werden. Dies ist eine zentrale Aufgabe der Selbstführung.

1.12 Nerven wie Drahtseile

Oft hört man in der Schule die Klage: »Das machen meine Nerven nicht mehr mit«, »Ich bin nervlich völlig am Ende«. Und in der Tat ist es in der Schule für jeden eine Herausforderung, sein Nervenkostüm zu pflegen. Mit der Zunahme des »genervt sein« verändert sich auch die Kommunikation und die Präsenz in der Beziehung. Man ist außer sich vor Wut oder resigniert in der Ohnmacht. Eine vertrauensvolle Beziehung und das Gefühl von Sicherheit und sozialer Verbundenheit sind in diesem Zustand nicht herzustellen. Mit dem »genervt sein« gehen wir in eine defensive Haltung, wir verteidigen uns verbal und nonverbal im Ausdruck der Körpersprache.

Der Körper ist immer eingebunden in geistige und emotionale Prozesse. Eine bewusste Auseinandersetzung mit der Funktion des eigenen Nervensystems wurde bisher in der Lehrerausbildung oder in den Fortbildungsangeboten für Führungspositionen in Schulen kaum thematisiert. Dabei ist es eine interessante Aufgabe, zu lernen, wie das autonome Nervensystem auf Signale reagiert und unsere Körpersprache und verbale Sprache sich dadurch verändern. In der Beschreibung der Polyvagaltheorie in Abschnitt 2.7 wird auf neue Erkenntnisse der Funktion des Nervensystems und seine Wirkung auf unsere Kommunikation eingegangen.

1.13 Fragmentierte Arbeit im Hamsterrad

Manchmal fällt einem Schulleiter um 16.00 Uhr ein, dass er eigentlich um 10.00 Uhr auf die Toilette wollte. Unser Arbeitsalltag ist enorm zerstückelt in unterschiedliche Tätigkeiten. Die Geschwindigkeit der Ereignisse kann so hoch sein, dass die Zeit vergessen wird. Um den Leserinnen und Lesern, die nicht in der Schulleitung tätig sind, einen Einblick in die Fragmentierung der Arbeit zu geben, hier eine Auflistung der Tätigkeiten eines gewöhnlichen Arbeitstages einer Schulleitungsperson im Telegrammstil:

Auf dem morgendlichen Weg ins Gebäude: Fragen von Schülern beantworten. Beim Betreten des Schulgebäudes: Anfrage des Hausmeisters zu notwendigen Reparaturen entgegennehmen. Im Sekretariat angekommen: drei dringende Telefonrückrufe tätigen, kurzes Klärungsgespräch mit der Organisationsleiterin. Im E-Mail-Posteingang befinden sich dreißig neue Nachrichten. Während der Bearbeitung der E-Mails, kommt eine Anfrage eines Kollegen zu seinem Schulprojekt rein. Kurze Vorbereitung auf den Unterricht,

Doppelstunde Ethik in Klassenstufe 8 mit einer heterogenen Schülerschaft. In der ersten Pause: Abklärung mit Schulträger über weitere Baumaßnahmen, Konfliktgespräch mit zwei streitenden Schülern, Schulsozialarbeiterin kommt hinzu. Danach: Posteingang bearbeiten, schriftliche Beurteilung für einen Referendar schreiben. Unterbrechung des Schreibens aufgrund eines Anrufs vom Ministerium wegen dringender Zuweisung eines Schülers aus einer Wohngruppe. Es folgen: Telefonat mit dem Bürgermeister wegen einer Schulaktion, Pressetext verfassen für die Aktion Stolpersteine. Plötzlich stehen Eltern vor der Tür, spontanes Gespräch über Wechsel des Sohnes vom Gymnasium auf unsere Schule. Im Anschluss: Versuch, an der Beurteilung weiterzuschreiben. Unterbrechung durch eine weinende Schülerin, die unbedingt mit dem Schulleiter sprechen will. Zweite Pause: Gang zum Lehrerzimmer, Kommunikation mit verschiedenen Kollegen, Hauptpersonalrat will ein ganz kurzes Gespräch auf dem Flur, Sachen packen für den Sportunterricht. Es ist 13.30 Uhr: Vorsitz der Klassenkonferenz. 14.30 Uhr: Klärungsgespräch mit Eltern und Kollegin. 15.15 Uhr: dritter Versuch, die Beurteilung für den Referendar zu schreiben, Unterbrechung durch ein wichtiges Telefonat mit der Architektin, Entscheidung über die Anbringung der Smartboards, kurze Absprache mit dem zuständigen Koordinator. 16.00 Uhr: keine Konzentration mehr für den Schulleiterbericht. Ich gehe nach Hause, wohlwissend, dass um 20.00 Uhr ein Treffen mit dem Vorstand des Fördervereines geplant ist.

Auch wenn dieses Beispiel manchen Lesern als unwirklich erscheint, so werden Schulleitungsmitglieder bestätigen können, dass es solche Tage gibt. Die Gefahr ist, dass solche Tage zu oft vorkommen und man das Gefühl hat, den Aufgaben nur noch hinterherzulaufen. Es ist das Gefühl, in einem Hamsterrad zu stecken und mit den Aufgaben nie fertig zu sein. Hier einen Ausstieg finden zu wollen, ist eine gute Gelegenheit, sich in der achtsamen Selbstführung zu schulen und die Arbeit auf mehreren Schultern zu verteilen. Letzteres ist in Schulen, die kaum Funktionsstellen besetzt haben, nur schwer möglich. Dort ist eine achtsame Selbstführung zum Erhalt der eigenen Gesundheit besonders hilfreich.

1.14 Verteilte Führungsverantwortung im Schulleitungsteam

Will man Mitgliedern im Schulleitungsteam die Möglichkeit eröffnen, ihr Führungspotenzial auszuschöpfen und ihre Führungsverantwortung zu erweitern, dann ist es notwendig, dass der Chef bereit ist, Macht und Einfluss abzugeben. Wenn Mitarbeiterinnen diesen Entwicklungsraum bekommen, ist es immer wieder verblüffend, zu sehen, wie gut sie ihn ausfüllen und welche unterschiedlichen Kompetenzen plötzlich sichtbar werden. Ist das Klima in solchen Führungsteams gut und herrscht ein gegenseitiges Vertrauen sowie das Gefühl von Sicherheit in den Beziehungen, ist der Boden optimal vorbereitet für aufblühende Potenziale. Es muss nicht mehr von einem Chef delegiert werden, denn die Aufgabenbereiche sind gemeinsam abgesprochen und werden eigenverantwortlich übernommen. Wie ein solcher Teamgeist entwickelt wird, erweist sich als eine echte Aufgabe für alle Beteiligten im Führungsteam. Eine wertschätzende Haltung, eine transparente Kommunikation und eine achtsame Selbstführung sind erste Schritte auf diesem Weg. Gelingt es, ein gutes Schulleitungsteam wachsen zu lassen, wird Führung leichter.

II

Die systemische Beratung

»[...] there is nothing so practical as a good theory.«
(Lewin, 1951, S. 169)

2 Theoretische und praktische Werkzeuge zur Entwicklung achtsamer Selbstführung und Führung in Schulen

Werkzeuge sind Hilfsmittel für Veränderungen und neue Lösungen. Werkzeuge werden gebraucht, wenn die Dinge nicht mehr so einfach von der Hand gehen. Theoretische Werkzeuge können besonders dann eine Hilfe sein, sobald die praktischen Werkzeuge nicht mehr wirken. Mit Theorien können wir uns, wie bei einer Landkarte, Orientierung für die Praxis verschaffen. Ob die Theorie hilfreich ist für die praktische Umsetzung, erweist sich erst in der Praxis. Für die Beschäftigung mit theoretischen Sinnzusammenhängen nehmen wir uns in der Schulpraxis nur wenig Zeit. »Bleib mir weg mit deiner Theorie und deinen Visionen, wir haben Arbeit genug«, ertönt es manchmal von Kollegen, wenn Schulleiterinnen das Gespräch auf neue theoretische Erkenntnisse lenken wollen. Aus dem Kontext der Kollegenschaft ist dieser Ausspruch berechtigt. Allerdings ist nicht zu übersehen, dass in den letzten dreißig Jahren mehr und mehr Erkenntnisse aus der Systemtheorie in die Schulpädagogik und das Schulmanagement eingeflossen sind. Die Angebote von Pädagogischen Hochschulen, Universitäten und Fortbildungsinstituten haben seit geraumer Zeit systemische Theoriekonzepte und praktische Umsetzung auf ihrer Agenda (Voß, 1996/2002; Schratz, 2001; Arnold u. Arnold-Haecky, 2009; Siebert, 2011). Systemisch- konstruktivistische Erkenntnistheorien fließen seit Jahren in konkrete Unterrichtsmethoden ein (Reich, 1996/2010; Schwehm, 2017). Theorien können den Blick erweitern für neue Anwendungen, Haltungen und Lösungen.

Werkzeuge aus der Systemtheorie für die praktisch arbeitende Schulleitung nutzen zu wollen, klingt zunächst etwas befremdlich. Wissen wir doch, was wir in der Praxis zu tun haben. Da kennen wir Schulleiter uns aus. Stoßen wir aber in der komplexer werdenden Schulpraxis auf Grenzen, kann eine systemtheoretische Perspektive hilfreich sein, komplexe Zusammenhänge zu erkennen und neue Lösungswege zu finden. Auf die Entwicklung der Systemtheorie und die Vielfalt systemischer Interventionen einzugehen, kann an dieser Stelle nur begrenzt erfolgen. Wie nützlich Ansätze aus der Systemischen Therapie für die praktische Arbeit in Familien und Organisationen sein können, wird ausführlich und gut verständlich in den Standardwerken von Arist von Schlippe und Jochen Schweitzer beschrieben (von Schlippe u. Schweitzer, 2012; Schweitzer u. von Schlippe, 2014). Einen kompakten Überblick über systemisches Denken und Handeln im Management und Beratung finden interessierte Leser bei Torsten Groth (Groth, 2017).

Im Folgenden erläutere ich einige Prämissen systemischen Denkens und Handelns, die auf vielfältige Art für die Arbeit als Schulleitung nützlich sein können und bereits genutzt werden.

2.1 Schulleiterin als Teil des Systems

Eine Schulleiterin ist, wie jedes Mitglied der Schulgemeinde, Teil des Systems Schule. Sie wirkt, ob sie will oder nicht, ob sie sich in ihrem Büro verschanzt oder sich sehr präsent im Schulgebäude bewegt, in besonderer Weise auf das System Schule. Sie befindet sich als Leiterin einer Schule in einer prominenten Position. Die Art und Weise, wie sie in Beziehung stehend kommuniziert, hat Auswirkungen auf andere Mitglieder der Schule. Aus dieser Überlegung heraus ist es sinnvoll, dass Führungspersonen eine hohe Kompetenz entwickeln, sich selbst reflektierend hinterfragen zu können und ihre Wirkungsweise in der Kommunikation mit anderen Mitgliedern der Organisation wahrzunehmen. Ganz konkret macht sich diese Haltung im Umgang mit Kritik bemerkbar. Erfährt eine Schulleiterin von Seiten des Kollegiums oder der Elternvertretung Kritik, so kann sie sich, in der Vorstellung »Teil des Systems« zu sein, dieser Kritik nicht verweigern oder entziehen. Schulleiterinnen, die sich als Teil des Systems definieren, übernehmen Verantwortungen für ihre Einflussnahme sowie ihre Position und setzen Vertrauen in die gemeinsame Lösung von Problemen. Sie stellen sich der Kritik (siehe Abschnitt 3.3).

2.2 Jeder Zeit können wir die Dinge auch anders sehen

»Alles was gesagt wird, wird
von einem Beobachter gesagt.«
(Maturana, 1982, S. 34)

Diese zentrale Aussage des Biologen Huberto Maturana ist nicht einfach zu verdauen. Die Schlussfolgerung dieser systemischen Prämisse bedeutet, dass wir Schulleiter uns von der Idee der objektiven Betrachtung der Dinge um uns herum verabschieden müssen. Wenn wir dieses Denken verinnerlichen, können wir einem Schüler, der in der 4. Klasse etwas schlechtere Noten schreibt, nicht mehr sagen: »Du wirst mit Sicherheit kein Abitur machen!« Wenn ein Lehrer ins Schulleitungsbüro kommt und äußert: »Diese Klasse 7c ist objektiv nicht zu unterrichten, zu viele verhaltensauffällige Kinder«, stellt sich der Lehrer außerhalb des Systems Klasse. Er sieht nicht, dass sein eigenes Verhalten Mitursache für die Unruhe in der Klasse sein kann. Der Lehrer sieht in diesem Fall nur das, was er sehen will. Er sieht nicht, dass er einige Minuten zu spät kommt, kaum vorbereitet ist und zu diesem Zeitpunkt nervlich bereits sehr angespannt wirkt. Deshalb gibt es von ihm auch unverständliche Blicke und empörte Verteidigungen, wenn eine Kollegin sagt, dass bei ihr die Klasse 7c gut mitarbeitet. Haben wir verinnerlicht, dass wir selbst die Konstrukteure unserer Welt sind, sollten wir Verantwortung dafür übernehmen, wie wir die Dinge um uns herum beobachten. Sehen wir das halb volle oder eher das halb leere Glas? Richten wir etwa die Aufmerksamkeit nur auf die Fehler einer Überprüfung, sehen wir die vielen positiven Aspekte der Lehrprobe nicht.

Die Theorie des Beobachters eröffnet für die Schulleitungsperson nicht nur die Möglichkeit, den Blick zu verändern, sondern auch zu beobachten, wie sie beobachtet. Es geht um die Beobachtung 2. Ordnung. In dem Beispiel der »Kritikliste des Personalrates« (siehe Abschnitt 1.3) ist Herr Göbel empört über die aus seiner Sicht unverschämte Reaktion des Personalrates (Beobachtung 1. Ordnung). Erst nach dem freundlichen Hinweis seines Kollegen, die Kritikliste auch mal von einer positiven Seite zu sehen, ist Herr Göbel fähig, neu zu schauen (siehe Abschnitt 3.3). Mit Hilfe des Kollegen wird Herr Göbel sein eigener Beobachter (Beobachtung 2. Ordnung; von Schlippe u. Schweitzer, 2019, S. 98 ff., S. 110 ff.). Der Schulleiter kann jetzt erkennen, wie er aus dem emotionalen Zustand der Empörung und der Verteidigung nur das Negative in dem Protokoll des Personalrates sah. Mit dem neuen Blick wird die Kritikliste statt als Kränkung als Chance gesehen, die aktuellen Bedürfnisse im Kollegium wahrzunehmen und transparent anzusprechen (siehe Abschnitt 3.3). Der Schulleiter spricht in der Dienstbesprechung zunächst nicht über die Kritikpunkte, sondern offen über seinen eigenen Prozess, einen Umgang mit dem Protokoll zu finden. Er kann in Form einer Metakommunikation darüber reden, wie er aus einem Muster der Empörung und einer negativen Sicht zu einem Muster gekommen ist, das es ermöglicht, die Kritik neu zu betrachten. In einer Dienstbesprechung kann die Form der Metakommunikation auch genutzt werden, wenn z. B. ein andauerndes Klagemuster zu keiner zielführenden Entscheidung oder Lösung führt. Ohne das eine oder das andere zu bewerten, eröffnet ein »Metalog« über die aktuelle Form des Dialogs neue Perspektiven und damit neue Möglichkeiten der Klärung und Lösung von Problemen. Darüber sprechen, wie man miteinander redet, eröffnet einen neuen Blick über die Art des Umgangs miteinander und regt an, die eigene Sichtweise zu überprüfen. Wird eine Umgangskultur im Kollegium gepflegt, die Dinge auch mal anders sehen zu können, ohne zu bewerten, können kreative Lösungsmöglichkeiten entstehen.

2.3 Kommunikationssystem Schule ist nicht linear steuerbar

Von der Vorstellung, ein Schulleiter könnte aufgrund seiner Weisungsbefugnis über Anweisung ein Verhalten oder gar eine Haltung und Einstellung im Kollegium ändern, musste ich mich schon nach wenigen Tagen in meiner Position als Schulleiter verabschieden. Eine direkte Steuerung ist nicht möglich. Selbst die einfache Anweisung: »In der 6. Stunde machen Sie die Vertretung für Herrn Schulz!«, garantiert noch nicht, dass diese Handlung auch ausgeführt wird. Die Anweisung kann auch boykottiert werden. Besonders dann, wenn die Anweisung in einem strengen Befehlston ausgesprochen wurde. Aus der Perspektive der Systemtheorie und hier insbesondere der Theorie sozialer System nach Niklas Luhmann (Luhmann, 1984) werden soziale Systeme als sich selbst erzeugende Kommunikationssysteme gesehen (von Schlippe u. Schweitzer, 2019, S. 33). Der Gedanke, dass sich ein Schulleitungsteam über Kommunikation am Leben hält, ist vielleicht in der ersten Überlegung erstaunlich – für die Weiterentwicklung des Teams jedoch sehr interessant. Im Falle, dass ein Schulleitungsteam als Kommunikationssystem betrachtet wird, kann die Aufmerksamkeit auf Kommunikationsprozesse gerichtet werden statt auf Eigenschaften, Geschichten und Vorlieben von einzelnen Personen. Es wird eine gewisse Komplexität reduziert, wenn der Blick darauf gerichtet werden kann, wie wir miteinander sprechen, welche Erwartungen wir haben, welche Ziele, welche Bedürfnisse. Die Entwicklung einer guten Arbeitsatmosphäre konzentriert sich dann auf die Förderung einer eher wertschätzenden, positiven und respektvollen Kommunikation. Dazu braucht es Sicherheit, Vertrauen und gegenseitige Achtsamkeit im Umgang miteinander. In einer solchen Teamatmosphäre können Unsicherheiten, Dissonanzen und unterschiedliche Ansichten frei von Verurteilungen oder zynischen Bemerkungen kommuniziert werden. Unterschiedliche Standpunkte und Perspektiven fließen dadurch automatisch in Entscheidungsprozesse mit ein. Das erleichtert die Arbeit als Schulleitung enorm. Fähige Führungspersonen leben eine solche Haltung vor. Sie leben das vor, was sie sich von ihren Mitarbeitern wünschen. Erlebt ein Kollegium eine wertschätzende und vertrauensvolle Kommunikationskultur, erhöht sich die Wahrscheinlichkeit, dass Vertretungsstunden ohne eine explizite Anweisung gehalten werden. Die Identifikation mit der Aufgabe wird erleichtert. Über das gute Arbeitsklima wächst die Selbstverantwortung der einzelnen Mitarbeiterinnen.

2.4 Kontextsensibilität und Kontextgestaltung

Ein weiteres praktisches Werkzeug aus der Systemtheorie ist der bewusste Umgang mit Kontextgestaltung und das Wissen, dass Kontexte Verhalten und Kommunikation beeinflussen. So konnte ich in meiner Tätigkeit als Lehrer oft feststellen, dass ein Klärungsgespräch zwischen Eltern, Schüler und Lehrer, das in der Schule stattgefunden hatte, mit derselben Familie im Wohnzimmer der Familie anders verlief. Die Familie fühlte sich sicherer in ihrer gewohnten Umgebung. So konnte offener über aktuelle Schwierigkeiten in der Erziehung gesprochen werden. Die Beziehung verbesserte sich und damit auch das gegenseitige Vertrauen.

In der Entwicklung unseres Schulleitungsteams konnten wir auch erfahren, dass bei einem Treffen im Kaminzimmer des Organisationsberaters die Kommunikation anders verlief als in der Schule. Es konnten beim Berater Themen angesprochen werden, die wir im Kontext der Schule beiseiteließen. Die Tradition des Kamingesprächs wurde bis heute beibehalten und dient zur Förderung der Teamatmosphäre.

Wir Schulleiter und -leiterinnen haben mit der Zeit gelernt, aus unterschiedlichen Kontexten zu sprechen: mal als Fachlehrer, mal als Schulleiterin oder, wenn der Schulleiter sein Kind in derselben Schule hat, auch schon mal Vater. Wir verhalten uns auch entsprechend dieser Kontextur. So spreche ich im Schülercoaching aus dem Kontext eines ausgebildeten Coaches. Dieser Wechsel wird auch dem Schüler transparent mitgeteilt. Aus der Kontextur eines ausgebildeten Beraters heraus kann ich einen anderen Zugang zum Schüler entwickeln als aus der Kontextur des Schulleiters. Die Aussage im Schülercoaching: »Ich begleite dich wie ein Coach, bist du dein Ziel erreicht hast«, hat eine andere Wirkung, als wenn ich als Schulleiter sage: »Du musst dich jetzt anstrengen, sonst schaffst du den Abschluss nicht!« Eine ausführliche Beschreibung der Bedeutung und Wirkung der Polykontexturalität findet man bei von Schlippe (2019).

2.5 Reframing – Interesse für den anderen Blick

Im Schulalltag sind wir Lehrkräfte und Schulleitungspersonen es gewohnt, die Dinge, die sich um uns herum ereignen, meistens aus der gleichen Perspektive zu betrachten. Wir sehen diese Perspektive mit der Zeit als die wirkliche und richtige Sicht der Dinge an. Wir neigen dazu, in den Kategorien »richtig« und »falsch« zu denken. Wobei mein Eindruck ist, dass der Blick auf Fehler in Schulen immer noch sehr verbreitet ist. So passierte es früher oft, dass in einer Klassenkonferenz ein Schüler, der wegen Verhaltensauffälligkeit eine Schulstrafe erhalten sollte, aufgelistet bekam, was er alles falsch gemacht hat. Nach dreißig Minuten wagte der Schüler nicht mehr, die Lehrkräfte anzusehen. Die Eltern, die an der Klassenkonferenz teilnahmen, fühlten sich ebenfalls oft beschämt oder machten deutlich, dass sie so ein Verhalten ihres Kindes von zu Hause gar nicht kennen. Die Aufforderung, in solchen Gesprächen positive Seiten des Schülers zu erwähnen und zu würdigen, verändert nicht nur das Kommunikationsmuster, sondern auch die Beziehung zum Schüler. Es ist ein erster Schritt aus der Stigmatisierung. So kann etwa bei vielen hyperaktiven Kindern hervorgehoben werden, dass sie enorme motorische Fähigkeiten haben: »Kevin, deine Unruhe im Klassenraum kann uns schon ganz schön nerven, aber in Sport bist du mit deinen Fähigkeiten eine Größe und für die Klasse unverzichtbar!« Es ist immer wieder zu bemerken, wie sich der Blick des Schülers von ab- zu eher zugewandt verändert, wenn sein problematisches Verhalten von anderen positiv umgedeutet wird. Die Wahrscheinlichkeit, dass ein Schüler sich kooperativ verhält und bereit ist, sich schrittweise zu regulieren, wächst mit der Sicherheit, die er in den Beziehungen zu seinen Lehrkräften erfährt. Um mit Eltern in einen guten Kontakt zu kommen, ist es von Vorteil, wenn ihre bisherigen Erziehungsleistungen von Lehrkräften gewürdigt werden, statt von diesen permanent auf Verhaltensauffälligkeit des Kindes hingewiesen zu werden.

Von Schlippe und Schweitzer unterscheiden zwischen einem Bedeutungsreframing, einem Kontextreframing und einem Inhaltsreframing (von Schlippe u. Schweitzer, 2012, S. 312 ff.). Für die Führungsarbeit in Schulen könnte ein *Bedeutungsreframing* so aussehen, dass Kritik an der Schulleitungsarbeit nicht als Angriff gedeutet wird, sondern als Bedürfnis nach Aussprache, Transparenz und Veränderung. In der Schule erleben wir oft, dass Schülerinnen, die in der Klasse unruhig, zappelig und aggressiv sind, bei einer Klassenfahrt auf dem Segelschiff oder in der Skifreizeit ausdauernde, hilfsbereite und zupackende Unterstützerinnen sind. Diese Erfahrung machen wir Lehrer bei den meisten Exkursionen. Wir sagen dann oft: »Ich habe den Kevin gar nicht mehr wiedererkannt. Der war ja richtig freundlich und hat mit angepackt.«

Beim *Inhaltsreframing* könnte es darum gehen, das scheinbar schwierige Verhalten eines Vaters, der jeden Fehler sofort erkennt und sich als Anwalt mit juristischen Fragen bestens auskennt, mit in das geplante Bauprojekt mit einzubeziehen, um die Interessen der Schule wortstark und mit Elternstimme zu vertreten.

Ein Reframing sollte gut überlegt sein und aus einer authentischen und wertschätzenden Haltung erfolgen. Zu schnell kann es auch zynisch wirken und den anderen kränken. Der Vorteil eines Reframings kann in der Führungsarbeit darin liegen, neue Perspektiven zu eröffnen und flexibler in der Leitungsfunktion zu sein.

2.6 Dilemma Kompetenz entwickeln

Wie bei den Herausforderungen beschrieben, stecken Schulleitungspersonen aufgrund der Sandwichposition und der vielen gegensätzlichen Erwartungen häufiger in Zwickmühlen. Sie sitzen zwischen allen Stühlen und müssen irgendwie lernen, mit dieser Situation gut umzugehen. Julika Zwack und Ulrike Bossmann haben im Rahmen ihrer Arbeit zur systemischen Organisationstheorie und ihrer Erfahrung in der Beratung von Führungskräften in typischen Sandwichpositionen eine Navigationshilfe im Umgang mit Dilemmata erarbeitet, die auch für uns Schulleiter sehr hilfreich sein kann (Zwack u. Bossmann, 2017).

Ein Dilemma liegt beispielsweise dann vor, wenn widersprüchliche Forderungen an die Schulleiterin gestellt werden und sie beiden gleichzeitig gerecht werden will. Der Versuch, alle Ansprüche zu erfüllen, verstärkt die Zwickmühle und damit das Gefühl von Ohnmacht, Frustration und Wut. Besonders Glaubenssätze wie: »Mache es allen recht!«, »Sei immer gerecht!«, können die Zwickmühle verschärfen.

Die Umsetzung eines Erlasses aus dem Ministerium, der von Schulleitung und Kollegium in der konsequenten Umsetzung nicht akzeptiert wird, kann den Schulleiter in einen Loyalitätskonflikt bringen, der viel Energie kostet. Eine empörte Schuldzuschreibung auf die Schulbehörde führt zwar zu einer kurzfristigen Entlastung des Schulleiters, löst die Dilemmasituation jedoch nicht. Ein erster Schritt aus einem Dilemma ist die transparente Kommunikation der inneren Zerrissenheit. Die Schulleiterin könnte etwa formulieren: »Liebe Kollegen, mit dem neuen Klassenfahrten-Erlass des Ministeriums können wir die Skilehrfahrt in der 7. Klasse nicht mehr durchführen. Dies bringt mich in eine Zwickmühle. Die Skilehrfahrt ist sehr beliebt bei Schülern, Eltern und Lehrern. Sie abzuschaffen, kann ich als Pädagogin nicht akzeptieren. Als Schulleiterin muss ich jedoch loyal zu meinen Dienstherren sein und den Erlass umsetzen. Ich stecke in einem Dilemma. Wie können wir in dieser Situation eine gute Lösung für die Schule finden«?

Für eine transparente Aussprache eines Dilemmas braucht es für den Schulleiter einen sicheren Kommunikationsraum. Ideal wäre eine Aussprache auf Augenhöhe in der Schulbehörde. Die Möglichkeiten dafür sind jedoch begrenzt. Im Schulalltag können Schulleiter einen solchen sicheren Kommunikationsraum in einem gut funktionierenden Schulleitungsteam, in dem Sicherheit und Vertrauen gelebt werden, eher finden. Ist keine vertrauensvolle Atmosphäre im Team vorhanden, sollten externe Beraterinnen aufgesucht werden, die mit der Bearbeitung von Zwickmühlen erfahren sind. In Zwickmühlen stecken zu bleiben, kostet viel Energie.

Für den Umgang mit den in der Dilemmasituation erlebten Emotionen zeigen Zwack und Bossmann verschiedene Vorgehensweisen auf (Zwack u. Bossmann, 2017, S. 42 ff.). So kann es schon hilfreich sein, zu unterscheiden zwischen strukturbedingten Widersprüchen in der Organisation und der Übernahme einer persönlichen Verantwortung für die Dilemmasituation. Manchmal bleibt der Schulleiterin auch keine Wahl, als eine Entscheidung zu treffen basierend auf ihren persönlichen Werten. Da wir Schulleiter häufiger in Zwangslagen stecken, lohnt es sich, theoretische und praktische Erkenntnisse bezüglich Selbstführung und Selbstfürsorge im Dilemma zu erwerben. Am Beispiel von Herrn Göbel wird gezeigt, wie dies im Führungsalltag gelingen kann (siehe Abschnitt 3.7).

2.7 Die Polyvagaltheorie – Erzeugung von Sicherheit und Präsenz in der Kommunikation

Wie kommt es, dass wir in der Begegnung mit dem einen Menschen sofort ein angenehmes Gefühl von sozialer Verbundenheit erleben und bei anderen Menschen eher verunsichert sind, wenn wir ihre Mimik erblicken oder einen scharfen Ton wahrnehmen? Welche inneren Vorgänge in unserem Körper lassen bei einer Bedrohung – wie in den Szenen in Teil I beschrieben – unseren Körper reflexhaft zusammenzucken oder in eine Schutzhaltung gehen? Wie kommt es, dass plötzlich unser Herz schneller schlägt, wenn wir verbal angegriffen werden? Mit der Polyvagaltheorie erhalten wir auf diese Fragen eine schlüssige Erklärung (Porges, 2010, 2017; Porges u. Dana, 2019).

Während die Polyvagaltheorie direkt nach ihrer Veröffentlichung in der neurobiologischen Forschung Anerkennung fand, stieß sie in den letzten Jahren vermehrt im therapeutischen Setting der Traumabehandlung und in der Arbeit mit autistischen Kindern auf Interesse (Levine, 2010; van der Kolk, 2019; Dana, 2018). In jüngster Zeit weisen auch andere Autoren auf die mögliche Bedeutung der Polyvagaltheorie für die Herstellung von Präsenz und sozialer Verbundenheit im Bereich von Beratung, Supervision und dem Konzept der Neuen Autorität hin (Zimmermann u. Lemme, 2019; Lemme u. Körner, 2019).

Für die achtsame Selbstführung und Führung in Schulen sehe ich in der Polyvagaltheorie viele Anknüpfungspunkte. Für die Entwicklung einer wertschätzenden Haltung, Kommunikation und Präsenz im Umgang mit Kollegen, Schülern und Eltern liefert sie weitreichende Anregungen.

Evolutionär entwickelte Hierarchie des autonomen Nervensystems

Stephen W. Porges geht von der Annahme aus, dass im Laufe der Evolutionsgeschichte Lebewesen ein autonomes Nervensystem als Teil des zentralen Nervensystems entwickelt haben, das sowohl auf Signale aus der Umwelt als auch auf Signale innerhalb des Körpers reagiert (Porges, 2019, S. 67). Ein solches System soll das Überleben sichern. Das autonome Nervensystem ist immer »online« und reagiert äußerst schnell auf Signale. Dabei haben die meisten Wirbeltiere als

Reaktion auf Gefahr gelernt, mit Kampf und Flucht, also Mobilisierung von Energiereserven, zu reagieren. Bei Lebensbedrohung erfolgt ein schnelles Reduzieren des Stoffwechsels über völlige Immobilisierung bis hin zum Totstellreflex – etwas was Katzenbesitzer öfter beobachten können, wenn ihre Katze eine Maus im Maul trägt, die wie tot erscheint. Sobald die Katze die Maus loslässt, ist das für die Maus eine günstige Gelegenheit, sich wieder zu mobilisieren und die Flucht zu ergreifen. Während das Kampf- und Fluchtverhalten über das sympathische Nervensystem aktiviert wird, »setzen auf Immobilisierung basierende Defensivverhalten ein massives Abschalten der autonomen Funktion über einen Vaguspfad im Parasympathischen Nervensystem (PNS) voraus« (Porges, 2019, S. 68).

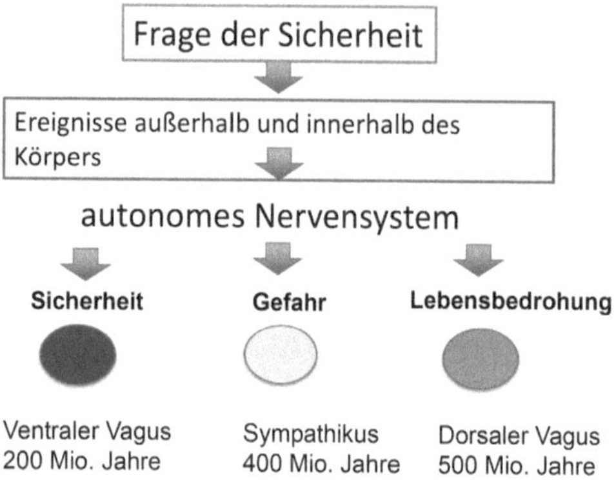

Abbildung 2: Entwicklung des autonomen Nervensystems (in Anlehnung an Porges, 2017)

Im Gegensatz zu Reptilien haben Säugetiere im Verlauf der Evolutionsgeschichte neben dem dorsalen Vagus einen weiteren Vagusnerv entwickeln können, den sogenannten ventralen Vagus (siehe Abbildung 2). Dieser Nervenkomplex hat eine regulierende Wirkung u. a.

auf Gesichtsmuskulatur, Mittelohrmuskel, Kehlkopf, Lungen und Herz. Damit konnte sich eine komplexe Kommunikation zwischen den Säugetieren entwickeln. Über Prosodie, Mimik bzw. Gestik und Augenkontakt kann so soziale Verbundenheit kommuniziert werden, die ein Überleben in der Gruppe und während der Aufzucht der Jungtiere sichert. Dies ist ein Überlebensvorteil gegenüber den Reptilien, die keinen neuen Vagus entwickelt haben. Hierzu Porges (2019, S. 68 f.): »Dieses System [der sozialen Verbundenheit, GE] ermöglicht die Co-Regulation des physiologischen Zustandes, weil Säugetiere ihren Artgenossen – mittels Vokalisierung, Gesten des Kopfes und Mimik – Signale für Sicherheit und Gefahr übermittelten.« Im Alltag erleben wir die Herstellung der sozialen Verbundenheit über Sprechmelodie (Prosodie), Mimik bzw. Gestik oder Blickkontakt, wenn wir einen guten Freund treffen, verliebt sind oder unsere Kinder beruhigen wollen. Wir reagieren jedoch auch sehr schnell über den neuen Vagusnerv mit Unsicherheit und defensiven Reaktionen, sobald in der Kommunikation mit anderen Menschen der Ton nicht stimmt, der Blickkontakt abgewendet wird oder Mimik und Gestik nicht einladend wirken (siehe Abschnitt 1.9).

Neurozeption

Im Rahmen seiner Forschungsarbeiten beschreibt Porges mit dem Begriff »Neurozeption« eine Hierarchie der Überlebensreaktion bei Säugetieren und somit auch bei uns Menschen (siehe Abbildung 3). Der Begriff Neurozeption soll verdeutlichen, dass dieser Vorgang nicht über eine bewusste Wahrnehmung (Perzeption) geschieht, sondern unterhalb des bewussten Denkens stattfindet. »Die Neurozeption wird als ein reflexhafter Mechanismus angesehen, der den physiologischen Zustand augenblicklich ändern kann« (s. Porges, 2019, S. 75).

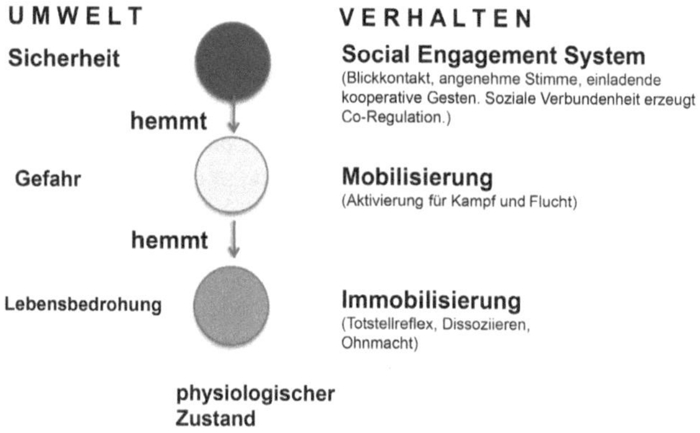

Abbildung 3: Neurozeption (in Anlehnung an Porges, 2017)

Interessant für die Selbstführung und Kommunikation in Schulen ist die Erkenntnis von Porges, dass der Zustand der sozialen Verbundenheit die Möglichkeit der Kampf-Flucht-Reaktion dämpft. Wir brauchen nicht in den Verteidigungsmodus zu wechseln, wenn wir uns sicher in der Beziehung fühlen. In Konfliktgesprächen im Schulleitungsbüro sind die Wechselwirkungen von Sicherheit und Unsicherheit in der Sprache sofort spürbar. Mit der Stimme, der Mimik und Gestik sowie den Augen können wir dem anderen signalisieren: »Du bist hier sicher« oder: »Ich greife dich an.« Verunsichert der Ton, der Blick oder die Mimik eines Lehrers eine Schülerin, geht die Schülerin sofort in eine Verteidigungshaltung. Sie duckt sich, um nicht noch mehr abzubekommen, läuft einfach weg oder zeigt sich konfrontativ und gibt aggressive Antworten. Die Schülerin geht in die Mobilisierung und hat einen hohen Muskeltonus. Lehrkräfte können diese Reaktionen auch bei sich selbst wahrnehmen, wenn sie attackiert werden. Kooperatives Lernen und Unterrichten ist in diesem physiologischen Zustand nicht möglich und kostet auf beiden Seiten viel Energie. In diesem Zusammenspiel sehe ich die Hauptursachen für eine Burnout-Entwicklung.

Solange der Mensch in der Gefahr fliehen oder angreifen kann, wird der evolutionär älteste Verteidigungszustand, die Immobilisierung, gehemmt. Ist die Gefahr lebensbedrohlich und sind Kampf und Flucht wirkungslos, kann der Organismus in eine völlige Immobilisierung treten. Extreme Auswirkungen dieses Verteidigungszustandes können Totstellreflex, Ohnmacht oder Dissolution sein. Damit ist ein niedriger Muskeltonus verbunden. Die Funktion dieses völligen Abtauchens ist es, das Leben zu erhalten. Das Beispiel mit der scheinbar toten Maus im Maul der Katze zeigt uns eine lebenserhaltende und damit positive Funktion dieses physiologischen Zustandes.

Co-Regulation – Erzeugung von Sicherheit und Vertrauen ist reziprok (wechselseitig)

Neben den Beschreibungen der Hierarchie und der Neurozeption finden wir bei Porges den Begriff der Co-Regulation über das autonome Nervensystem.

Indem wir unserem Gesprächspartner Sicherheit signalisieren, initiieren wir eine Co-Regulation. Co-Regulation bedeutet, dass die Kontaktaufnahme mit dem anderen Menschen oder mit einem Säugetier immer reziprok ist. Es findet in der Begegnung mit anderen Säugetieren eine ständige Wechselwirkung über die Physiologie statt. Die Bedeutung der Co-Regulation ist schnell verstehbar, wenn wir ein Baby in den Armen halten und leise ein Schlaflied summen. Das Kind beruhigt sich und schläft geschützt in den Armen z. B. der Mutter ein. Die Ruhe des Babys wirkt sofort auch auf die Mutter, die vorher vielleicht noch etwas angespannt war. Mutter und Kind haben sich gegenseitig regulieren können. Dem Lächeln eines Babys können wir kaum widerstehen. Wir lächeln zurück. So regulieren wir mit unseren Signalen das Baby und das Baby reguliert uns. Dieses

Phänomen können wir in der Schule nutzen, für den Fall, dass aufgebrachte Schüler im Schulleiterbüro auftauchen und der Schulleiter durch seine beruhigende Art – über eine ruhige Stimme, Mimik, Gestik und Blickkontakt – die emotionale Anspannung der Schüler schnell regulieren kann. Es scheint so, als würde der Körper vor der Sprache sprechen (vgl. Storch u. Tschacher, 2014). Mit der sozialen Verbundenheit kann sich eine Resonanz zwischen Schulleiter und Schüler eher entwickeln (Rosa u. Endres, 2016).

Wenn wir uns bewusstmachen, wie wir auf bestimmte Gefahrensignale reagieren, und akzeptieren, dass unsere erste Reaktion immer sinnvoll und verständlich ist, sind wir auf Bedrohungen, Kränkungen oder andere verbale Angriffe mit der Zeit besser vorbereitet. Wir sind uns der Signale bewusst geworden. Die Erstellung eines persönlichen Profils zum Erkennen typischer Signale und Reaktionen können mit Schulleitungspersonen und Lehrkräften in Workshops eingeübt werden. Auch wenn die Wahrnehmung und Regulierung der drei physiologischen Zustände bisher eher in Therapieausbildungen anzutreffen sind (vgl. Dana, 2018), mache ich die Erfahrung, dass Führungskräfte in Schulen großes Interesse zeigen, die Erkenntnisse der Polyvagaltheorie für ihre Selbstführung zu nutzen. Die Funktionsweise der Co-Regulation zu kennen und anzuwenden, ist ein wichtiges Instrument für die Erzeugung von Resonanz und Sicherheit und damit auch für eine gesunde Führungsarbeit in Schulen.

2.8 Prämissen eines systemischen Konfliktmanagements

Konfliktmanagement ist eine zentrale Aufgabe von Schulleitung. Es vergeht kein Tag, an dem nicht mindestens ein Konflikt im Schulleitungsbüro zum Gesprächsthema wird. Insbesondere eskalierende Konflikte landen früher oder später dort. Die Schulleitungsperson ist dann damit konfrontiert, gemeinsam mit den Beteiligten die Situation zu deeskalieren und nachhaltige Lösungen des Konflikts zu finden. Hierbei sind besonders hilfreich: systemische Theorien und Interventionen zum Konflikt in der Schulpraxis.

In Trainingsseminaren für angehende Führungskräfte im Schuldienst steht das Thema Konfliktmanagement hoch im Kurs. Viele Kolleginnen berichten, dass sie in ihrer Ausbildung bisher wenig über Konflikttheorie und systemisches Konfliktmanagement in der Position der Schulleitung erfahren haben. Dabei wird die Notwendigkeit, sich als Führungskraft mit dem Thema sowohl theoretisch als auch praktisch auseinanderzusetzen, von den jungen Schulleiterinnen eindringlich gefordert. Systemtheoretische Erkenntnisse, praktische Werkzeuge zum Konfliktmanagement und gute Selbstführung sind vorteilhaft für einen professionellen Umgang mit Konflikten.

Leserinnen, die sich ausführlich mit der Systemtheorie des Konflikts auseinandersetzen wollen, empfehle ich die Arbeiten von Fritz B. Simon (Simon, 2010) und Arist von Schlippe (von Schlippe, 2014).

Ein Konflikt kann als ein Prozess gesehen werden, der zwischen Personen stattfindet und sich über Kommunikation verselbstständigt. Mit der gegenseitigen Verneinung der jeweils anderen Position bleibt der Konflikt als Kommunikationssystem erhalten. Es entsteht ein Kommunikationsmuster, das einen Konflikt am Leben erhält und die Tendenz zur Eskalation in sich trägt (Glasl, 1980/2013, S. 209 ff.). Im Beispiel »Frau Müller muss weg«(s. Abschnitt 1.2) könnte das Konfliktmuster über die gegenseitigen Anschuldigungen und Vorwürfe eskalierend weitergehen, solange nicht ein Rahmen geschaffen wird, in dem die Beteiligten die Chance und Sicherheit erhalten, das Kommunikationsmuster der gegenseitigen Vorwürfe zu unterbrechen. Nicht den Konflikt zu lösen, gehört zu den Aufgaben der

Schulleitung, sondern einen Rahmen zu schaffen, in dem die Wahrscheinlichkeit erhöht wird, das die Kommunikation zwischen den Konfliktparteien sich ändern kann. Mit Hilfe eines solchen Rahmens ist es in den letzten Jahren an meiner Schule gelungen, dass wir Konflikte zu einem hohen Prozentsatz binnen kurzem nachhaltig klären können. Zeit, nachhaltige Lösungen und Lust am Üben und Ausprobieren spielen bei dem Konzept eine wichtige Rolle.

2.9 Konzept »Konflikte begrüßen lernen« – ein erprobtes Werkzeug für die Schulleitung

Das von mir entwickelte Konzept »Konflikte begrüßen lernen« (Engel, 2013, 2018b) ist für den Kontext Schulleitung zugeschnitten. Ein wesentliches Merkmal des Konzeptes ist die Haltung der Schulleitungsperson. Gespräche sollten von ihr mit Lust und Neugierde geführt werden. Mit der Haltung eines Übenden kann für sie der Druck gemindert werden, sofort ein perfektes Klärungsgespräch führen zu müssen. Auch zukünftig wird es genügend Konflikte in der Schule geben, um in ihrer Gesprächslösung Schritt für Schritt souveräner zu werden. Zum Gelingen von Konfliktlösungen ist für Lehrkräfte und Schulleiterinnen eine gute Selbstregulierung und Gesprächskompetenz sowie eine klare Struktur hilfreich, besonders in den ersten Gesprächen. Ob ein Klärungsgespräch gelungen ist, zeigt die eigene Energiebilanz an. Habe ich nach dem Gespräch ein gutes Gefühl? Erlebe ich mich auch in emotional heftigen Auseinandersetzungen präsent und selbstwirksam? Wie bin ich mit meinen Ängsten und Befürchtungen als Schulleiterin und Gesprächsleiterin umgegangen?

Kontext und Rahmung von Klärungsgesprächen im Schulleitungsbüro

Da der Begriff »Konflikt« bei den meisten Mitgliedern der Schulgemeinschaft negativ konnotiert ist, wird darauf geachtet, dass bei der Anfrage oder Einladung zum Gespräch nicht von »Konfliktgespräch«, sondern von »Klärungs-« oder »Lösungsgespräch« gesprochen wird. Es ist zudem davon auszugehen, dass bereits ein Schulleitungsbüro als Ort bei vielen ein ungutes Gefühl erzeugt. Daher ist von Anfang bis Ende des Gesprächs darauf zu achten, dass Sicherheit im Raum und in den Beziehungen entsteht. Dann wird Kooperation eher gelingen. Was kann getan werden, um allen am Klärungsgespräch Beteiligten Sicherheit zu vermitteln?

Im Raum sind die Stühle in einer Art Halbkreis so angeordnet, dass der Blick der Konfliktparteien auf die Flipchart gerichtet ist (s. Abbildung 4). Der Schulleiter, der gleichzeitig Moderator des Gesprächs ist, sitzt neben der Flipchart mit Blick auf die Anwesenden. Mit der von ihm geäußerten Begrüßung beginnen die Angebote der Synchronisierung (Storch u. Tschacher, 2014, S. 57 ff.) bzw. Co-Regulation (Porges, 2017, S. 26 ff.). Dieser Prozess ist bedeutend für den weiteren Verlauf des Klärungsgesprächs und erfordert vom Schulleiter/Moderator eine hohe Präsenz sowie wertschätzende und transparente Kommunikation. In der Ausbildung zum Familientherapeuten wurde diese Phase mit Joining bezeichnet: ein freundliches und wertschätzendes Andocken an jede Person im Besprechungsraum (von Schlippe u. Schweitzer, 2012, S. 225 ff.). Während der Begrüßung wird von Seiten der Schulleiterin/Moderatorin darauf geachtet, dass zu jeder Anwesenden mit einladender Gestik, kurzem Blickkontakt und einer freundlichen Stimme gesprochen wird. Nach Erkenntnissen aus der Polyvagaltheorie darf diese Form der Begegnung kein »Tricksen« sein. Das Nervensystem würde schnell eine Unsicherheit registrieren, sollte die Schulleitungsperson/Moderation versuchen, Freundlichkeit und Wertschätzung vorzuspielen.

Warum der Rollenwechsel von Schulleitung zur Moderation? Aus der Kontextur einer professionellen Moderatorenrolle kann ich anders kommunizieren als aus der Kontextur der Schulleitungsrolle. Als Moderator bin ich weniger anfällig, aus meiner neutralen oder allparteilichen Haltung auszuscheren. Würde ich eine Koalition mit einer Partei, etwa dem Kollegen oder den sympathischen Eltern, eingehen, wäre das Konfliktgespräch gefährdet und eine Eskalation wahrscheinlich. Der Rollenwechsel von Schulleitung zur Moderation trägt maßgeblich zum Gelingen eines Klärungsgesprächs bei, der Rollenwechsel sollte für alle transparent kommuniziert werden.

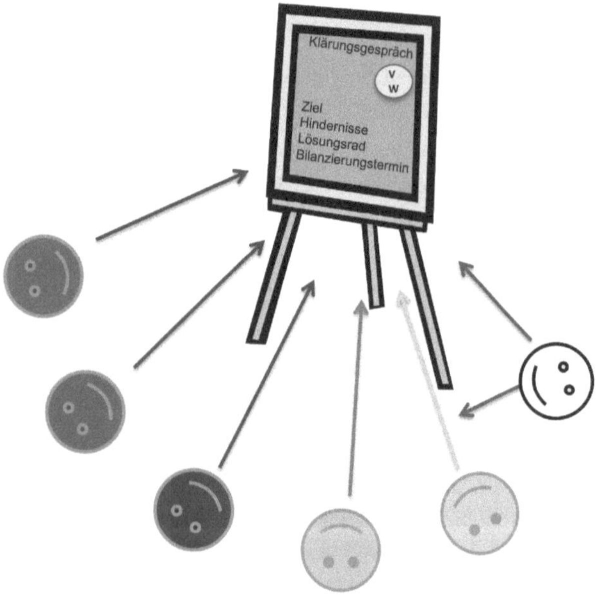

Abbildung 4: Sitzordnung und Visualisierung im Klärungsgespräch

Sinn und Funktion der Gesprächsvisualisierung

Die Gesprächsvisualisierung auf der Flipchart soll für Transparenz sorgen. Am Ende des Gesprächs wird den Anwesenden angeboten, den auf der Flipchart visualisierten Gesprächsverlauf als Protokoll mit dem Handy abzufotografieren – was Jugendliche besonders gern machen. Das Foto ermöglicht allen, zu Hause zu rekapitulieren, was während des Termins aufgeschrieben wurde. Die Positionierung der Anwesenden im Halbkreis um die Flipchart richtet deren Blick auf die protokollierten Begriffe, Grafiken und Gesprächsstruktur. Die Aufmerksamkeit wird auf die Ergebnisse des Gesprächsprozesses gelenkt. Der Blick zur Flipchart hat auch den Vorteil, dass zu Gesprächsbeginn nicht die Augen der gegnerischen Konfliktpartei fixiert werden. Manchmal ist zu beobachten, dass zu Beginn des Gesprächs ein Teilnehmer seinen Stuhl so verrückt, dass er den Gegenspieler mit Blicken attackieren kann.

Die Begriffe auf der Flipchart werden allen Anwesenden erklärt. Die Schulleiterin/Moderatorin steckt den äußeren Rahmen des Gesprächs ab, indem sie darauf hinweist, dass nach 45 Minuten das Gespräch beendet wird. Eine Anmerkung von ihr zu Gesprächsbeginn, dass dieser Termin auf jeden Fall in einer Bilanzierungssitzung fortgeführt werden wird, entlastet die Anwesenden und erzeugt Sicherheit. Der Termin für ein Bilanzgespräch wird auf die Flipchart geschrieben. Bemerkenswert ist, dass achtzig Prozent der Bilanzierungstermine erfahrungsgemäß nicht mehr stattfinden, weil der Konflikt sich aufgelöst hat. Der Bilanzierungstermin gibt auch dem Moderator/Schulleiter die Sicherheit, dass ein über Wochen und Monate schwelender Konflikt nicht in 45 Minuten gelöst werden muss. Die Erwartungshaltung aller Anwesenden, dass der Konflikt im aktuellen Gesprächstermin geklärt werden muss, wird allein mit der Aussicht auf den Bilanzierungstermin entkräftet.

Die beschriebene Gesprächsstruktur hat sich bislang bewährt, sie gibt allen Anwesenden einen sicheren Rahmen. Für den Moderator/Schulleiter bedeutet die Visualisierungstechnik, dass er während des Gesprächs ab und an aufstehen muss, um bestimmte Aspekte aufzuschreiben. Durch die Bewegung und das aufrechte Stehen verändert sich sein Atemrhythmus: Er kann seine Präsenz wieder regulieren. So ist er weniger dem Sog emotionaler Ansteckung während des Gesprächsverlaufes ausgesetzt. Wichtige Ziele sind in dieser Phase das Abkühlen der aufgebrachten Emotionen und das Erzeugen von Sicherheit. So erhöht sich die Wahrscheinlichkeit, dass ein Musterwechsel von Gut-und-böse-Zuordnungen und einer Dämonisierung des anderen zu einem Muster der Kooperation und Lösungssuche stattfinden kann (vgl. Omer, Alôn u. von Schlippe, 2007).

Auf der Flipchart stehen neben der inhaltlichen Struktur des Klärungsgesprächs (Ziel, Hindernisse, Lösungsrad und Bilanzierungstermin) eingekreist die Buchstaben »VW«. Diese Buchstaben erinnern gezielt an eine Automarke, stehen aber hier für die Begriffe »Vorwurf« und »Wunsch« (Prior u. Winkler, 2012). Der Moderator/Schulleiter bietet an, dass er Wächter der Regel ist: »Statt Vorwürfe, die Wünsche und Bedürfnisse äußern«. Bisher hat dieses Angebot jeder Teilnehmer begrüßt. Bevor es zur Zielklärung geht, werden alle Beteiligten gefragt, ob diese Gesprächsstruktur für jeden akzeptabel ist. Wenn ja, gibt es einen klaren Auftrag an den Moderator/Schulleiter. Sollte der Struktur nicht zugestimmt werden, kann über zusätzliche Modalitäten verhandelt werden.

Von der Zielbeschreibung zum Lösungsrad

In früheren Gesprächen wurde mitunter mit dem Satz: »Welche Probleme gibt es denn?«, sehr schnell eine Situation geschaffen, in der die Beteiligten sich ausgiebig über die Problematik stritten. Es kam zu tranceartigen Tumulten und ich als Gesprächsleiter kam kaum noch zu Wort. Ich war für die streitenden Konfliktparteien sozusagen nicht mehr vorhanden. Beginnt man den Termin nach einer guten Phase der Sicherheitsbildung jedoch damit, die Teilnehmenden nach dem Ziel des Klärungsgesprächs zu fragen, richten sich Aufmerksamkeit und Kommunikation auf die Formulierung von Zielen. Jedes formulierte Ziel wird auf die Flipchart geschrieben. Selten stimmen die Ziele der Konfliktparteien überein, sonst gäbe es ja auch keinen Konflikt. Die Kunst der weiteren Gesprächsführung besteht darin, ein gemeinsames höheres Ziel zu finden, bei dem alle Teilnehmenden zustimmend nicken können. Das gegenseitige Zunicken erzeugt im Sinne der Polyvagaltheorie das Gefühl von Sicherheit und gemeinsamer Übereinstimmung. Das höhere Ziel in Klärungsgesprächen mit Lehrkräften und einer Familie ist es erklärtermaßen oft, das Kind so zu fördern, dass es einen guten Schulabschluss erreichen kann. Meistens sind es die Schülerinnen und Schüler selbst, die einen guten Abschluss als ihr persönliches Ziel bezeichnen.

Ist von allen Beteiligten ein gemeinsames höheres Ziel gefunden, ist dies eine gute Gelegenheit für den Moderator/Schulleiter eine Skalierungsfrage zum Ziel zu stellen. Die Antworten auf die Skalierungsfrage machen Unterschiede sichtbar und der Blick kann sich eher auf die Zukunft als auf die problematische Vergangenheit richten. Die Skalierung und die Einstufungen der Teilnehmenden werden auf der Flipchart aufgezeichnet. Eine typische Skalierungsfrage lautet z. B.: »Kevin, dein Ziel ist es, einen guten Mittleren Bildungsabschluss zu machen. Auf einer Skala von Null bis Zehn, wobei Null bedeutet: ›ich schaffe das niemals‹, und Zehn bedeutet: ›Locker, Herr Engel, mache ich mit links.‹ Wo siehst du dich zurzeit?« Zur Mutter: »Frau Schmidt, wenn Sie Ihren Sohn beim Lernen beobachten, wo sehen Sie ihn auf dieser Skala?« Zum Vater (wenn anwesend): »Und Sie, Herr Schmidt, wie schätzen Sie das Arbeitsverhalten Ihres Sohnes ein, um den gewünschten Abschluss zu erreichen?« Zur Lehrerin gewandt: »Wie schätzt du zurzeit Kevins Potenzial ein, den Abschluss zu erreichen?«

In dieser Phase des Klärungsgesprächs liegt der Fokus auf der Förderung des Kindes und nicht auf dem Streit zwischen Eltern und Lehrkraft.

Im nächsten Schritt erfragt die Moderatorin/Schulleiterin die Hindernisse, die dem gemeinsamen höheren Ziel entgegenstehen. Während in früheren Darstellungen der Konzeption »Konflikte begrüßen lernen« noch der Begriff »Problem« verwendet wurde, was oft dazu führte, dass die Problembeschreibung viel Raum einnahm, wird dies mit dem Begriff »Hindernis« voraussichtlich etwas eingeschränkt. Eine wirkliche Garantie dafür gibt es allerdings nicht. Alle genannten Hindernisse werden aufgeschrieben.

Der Übergang vom Hindernis zum Lösungsrad erfolgt mit der Einleitung der Moderatorin/Schulleiterin: »Habe ich noch etwas vergessen, zu den Hindernissen zu fragen, oder können wir jetzt den Blick auf das Lösungsrad richten?« Der Begriff »Lösungsrad« wurde adaptiert aus dem Konzept des Wunderrads von Maja Storch und Julius Kuhl (Storch u. Kuhl, 2013) und steht für realistische Handlungsoptionen im Bereich Schule. Ziel des Lösungsrads ist es, dass mehr als drei Optionen für das Erreichen des höheren Ziels gefunden werden. Dafür werden alle Beteiligten gefragt und die von ihnen genannten Lösungen werden notiert.

Bilanzierungstermin und Verabschiedung

Bei jedem Klärungsgespräch, auch bei Konflikten zwischen Kollegen und Kolleginnen, sind vereinbarte Bilanzierungstermine hilfreich für den Klärungsprozess. Sie geben den Beteiligten die Sicherheit, dass die Schulleiterin beharrlich an der Lösung interessiert ist. Das Festhalten des Termins auf der Flipchart und das Abfotografieren der Visualisierung unterstreicht die Transparenz der Aussprache und die Verantwortung der Teilnehmenden, an einer Lösung mitzuwirken.

Nach der Verabschiedung durch die Moderatorin/Schulleiterin sollte außerhalb des Büros kein Gespräch zwischen den Konfliktparteien erfolgen. Früher ist es oft vorgekommen, dass der Konflikt auf dem Flur durch eine Bemerkung wieder aufflammte und die alten Kommunikationsmuster sofort wieder hervorbrachen. Dies wird sehr schnell über Mimik, Gestik, einen »falschen« Ton oder ein Wort provoziert. Über diese Vorgänge ist das Kollegium mittlerweile informiert.

Im Anschluss an das Klärungsgespräch findet eine kurze Reflexion zwischen Schulleiterin und der beteiligten Lehrkraft über den Verlauf und die Effektivität des Gesprächs statt. In diesem Meinungsaustausch wechselt die Schulleiterin vom Kontext »Moderation« zur Kontextebene »Schulleitung«. Sie gibt ein wertschätzendes Feedback über die professionelle Haltung der Lehrerin. Die Kollegin erlebt so, dass sie in den Gesprächen fair behandelt wird. Die Erfahrung, eine gute Lösung gefunden zu haben, entlastet die Kollegin und stärkt bei ihr das Gefühl der Selbstwirksamkeit. So entwickeln sich bei ihr mit der Zeit ein professioneller Umgang mit Konfliktsituationen und das Interesse, sich auf ein nächstes Klärungsgespräch einzulassen. Diese Erfahrung gibt die Lehrerin üblicherweise als positiven Bericht an die Kolleginnen und Kollegen weiter, was die Bereitschaft zu und Akzeptanz von Klärungsgesprächen steigert.

Um etwas Humor und Gelassenheit nach einem Klärungsgespräch walten zu lassen, gehe ich nach dem Termin zur Sekretärin und frage, ob sie einen Konflikt kommen sieht, ich bräuchte in zwei Wochen wieder einen heißen Konflikt zum Üben. Das Konzept »Konflikte begrüßen lernen« ist eng verbunden mit den Gedanken der Leichtigkeit, der Lust auf Übung und dem Interesse und der Neugierde, neue Formen der Präsenz und Gesprächsführung zu erlernen. Außerdem ist es immer wieder faszinierend, festzustellen, wie Kommunikationsabläufe, die emotional geladen sind, sich in einem sicheren Rahmen ändern können und sich die gleichen Menschen plötzlich kooperativ verhalten. Bei Schülerinnen und Schülern ist dieses Phänomen noch deutlicher zu beobachten. Die Professionalität im Umgang mit Konflikten sehe ich auch darin, die Spannungen, die im Raum erzeugt werden, auszuhalten und stets auf eine Anschlusskommunikation hinzuarbeiten. Die Kunst, Spannungen auszuhalten, ohne sich gleich in den Sog der Emotionen hineinziehen zu lassen oder über ein Machtwort dem Ganzen ein Ende zu setzen, ist eine Frage der bewussten Selbstführung.

2.10 Selbstführung in der Führungsarbeit

»Nur wenige Führungskräfte sehen ein,
dass sie letztlich nur eine einzige Person
führen können und auch müssen.
Diese Person sind sie selbst.«
(Peter Drucker zit. n. Schulte, 2015, S. 17)

Die Zusammenhänge von Selbstführung und Führung in Unternehmen ist in den letzten Jahren unter dem englischen Begriff »Self Leadership« vermehrt in den Fokus der Forschung gerückt (z. B. Neck, Manz u. Houghten, 2017; Furtner u. Baldegger, 2013; Furtner, 2017; Müller u. Braun, 2009). Neck, Manz und Houghten sehen Self Leadership als »process of influencing ourself« (2017, S. 7). Sie zeigen an vielen Beispielen auf, wie Führungspersonen durch gezielte Einflussnahme auf ihre eigenen Gedanken und Gefühle, Verhalten und Sprache sowie körperliche Fitness und Gesundheit eine Vorreiterrolle im Unternehmen einnehmen können. Für Furtner (2017) ist Self Leadership ein »zielorientierter und selbstbeinflussender Prozess zur Steigerung der persönlichen Effektivität und Leistung« (S. 39). Auch bei Müller und Braun geht es um die Frage, »wie sich Menschen selbst beeinflussen können, um Freude und Zufriedenheit bei ihrer Tätigkeit zu erleben« (Müller u. Braun, 2009, S. 11). Die erlebte Selbstwirksamkeit in der Selbstführung setzt Energien frei, mit Herausforderungen umgehen lernen zu wollen. Selbstführungskompetenzen können helfen, Interesse und Neugierde zu wecken, eigene Ziele zu setzen, eigene Potenziale zu entfalten und Verantwortung für erlernte Fühl-, Denk- und Handlungsmuster zu übernehmen. Das Gefühl und das Erleben von Selbstwirksamkeit über die Praxis der Selbstführung setzt positive Energien frei.

Achtsame Selbstführung

Das Konzept der Achtsamkeitspraxis, dessen Wurzeln in der buddhistischen Tradition liegen, wurde in der westlichen Welt populär durch die Arbeiten von Jon Kabat-Zinn (Kabat-Zinn, 1990/2013). Das von ihm entwickelte MBSR-Programm (Mindfullness-Based Stress Reduction) zur Reduzierung von Stress über Achtsamkeitspraxis wird mittlerweile in vielen Ländern der Welt erfolgreich umgesetzt. In einem Acht-Wochen-Programm lernen die Teilnehmenden über Yogaübungen, Atemübungen, Sitz- und Gehmeditation sowie über Body-Scan ein bewusstes Wahrnehmen innerer und körperlicher Vorgänge. Besonderen Wert legt das Programm auf achtsames Zuhören und Sprechen. Durch die tägliche Praxis entwickelt sich bei den Programmteilnehmerinnen und -teilnehmern Schritt für Schritt eine innere Haltung, die geprägt ist von Präsenz, Klarheit und Gelassenheit im gegenwärtigen Moment. Eine wichtige Komponente der Achtsamkeitsübungen ist die wertfreie Begegnung mit anderen Menschen. Somit ist das Ziel achtsamer Selbstführung nicht die Optimierung der Arbeitsabläufe, wie das in früheren Selbstmanagementkonzepten facettenreich angeboten wurde. Achtsame Selbstführung, basierend auf der Achtsamkeitspraxis, ist ein bewusstes Üben zur Entwicklung einer Haltung, die geprägt ist von Präsenz und (Selbst-) Mitgefühl. Mit dieser eingeübten Haltung habe ich eine gute Voraussetzung, als Schulleiter mit den Turbulenzen und Unwägbarkeiten im Schulsystem so umzugehen, dass ich in einer guten Balance bleibe.

Aufgrund der zunehmend erlebten Stressbelastung bei Schülerschaft, Lehrkörper und Studierenden gewinnt die Achtsamkeitspraxis in Schulen und Universitäten mehr und mehr an Beliebtheit (vgl. Kaltwasser, 2016, 2018; Rechtschaffen, 2016, 2018). Aktuelle Untersuchungen zur Wirkung von Achtsamkeitspraxis in Schulen haben Detlev Vogel und Ursula Frischknecht-Tobler herausgegeben (2019). Aus eigener Erfahrung stelle ich fest, dass ein tägliches Üben (am Morgen) meine Präsenz, Fitness und innere Ausgeglichenheit im Schulbetrieb gestärkt hat. Diese Übungsformen sind in meinem Tagesrhythmus mittlerweile fest verankert und ich kann sie während der Arbeitszeit in Mikropausen abrufen.

2.11 Rad der Selbstführung – ein praktisches Werkzeug für Schulleiterinnen und -leiter

Mit dem Rad der Selbstführung, das auf der Basis des Bewusstheitsrads aufbaut (Molter u. Nöcker, 2015), habe ich ein Modell weiterentwickelt, das für persönliche Reflexionsübungen vor oder nach einem Ereignis und als Trainingsmodul in der Schulleitungsfortbildung gut eingesetzt werden kann (s. Abbildung 5; Engel, 2018a). In diesem Konzept finden auch die bisherigen theoretischen und praktischen Werkzeuge eine passende Nutzung.

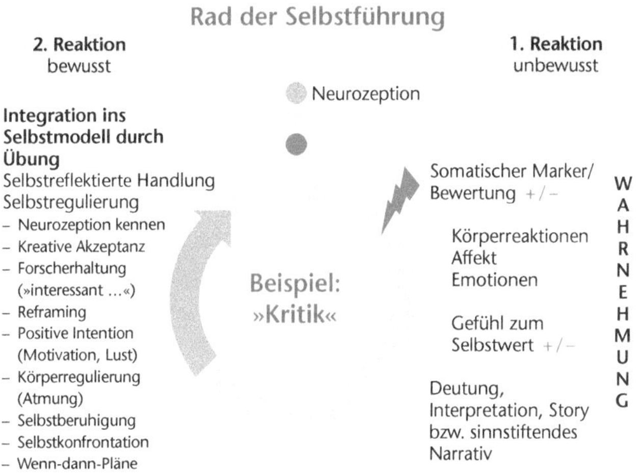

Abbildung 5: Rad der Selbstführung

Wichtige Eckpunkte dieses Modells sind:

- Neurozeption (persönliches Profil),
- Akzeptanz der Erstreaktion und regulierte Zweitreaktion,
- Reflexion der Körperwahrnehmung,
- Selbstbewertung,
- Selbstregulation,
- Idee des neugierigen Übens und der Forscherhaltung.

Im Rad der Selbstführung sollte die Grundhaltung eine Forscherhaltung sein im Sinne von: »Ach, interessant, wie ich reagiere« oder »Ach, interessant, was gerade hier passiert«.

Am Beispiel einer Schulleiterin, die mehr Sicherheit in der bevorstehenden Gesamtkonferenz üben will, soll die Funktionsweise des Rads der Selbstführung verdeutlicht werden:

Eine Schulleiterin leitet demnächst wieder eine Gesamtkonferenz. Sie weiß aus Erfahrung, dass ein Kollege sie in solchen Konferenzen ständig wegen ihres Führungsstils kritisiert. Obwohl sie gut auf die Gesamtkonferenz vorbereitet ist und den Ablauf mit den Kolleginnen aus dem Schulleitungsteam besprochen hat, ist sie verunsichert, sobald sich der Kollege wieder mit verhärteter Mimik und lautem Ton empört. Dann spürt sie ihr Herz rasen und fühlt sich in der Führung nicht mehr so präsent. Zumal sich drei andere Kollegen der Kritik anschließen. Sie ärgert sich im Nachhinein über sich selbst, dass sie wieder in ihr typisches Reaktionsmuster gerutscht ist. Um sich auf die nächste Gesamtkonferenz in diesem Punkt besser vorzubereiten, wendet sie das Rad der Selbstführung an.

Zunächst nutzt sie die Erkenntnisse der Polyvagaltheorie und die Funktionsweise der Neurozeption: Sie weiß, dass ihr Nervensystem in Situationen, in denen sie kritisiert wird, völlig normal reagiert, denn solche Situationen werden als Bedrohung erlebt. Mit diesem Wissen kann sie ihre Erstreaktion akzeptieren und als völlig gesunde und normale Reaktion deuten. Auch ihren körperlichen Ausdruck – Kloß im Hals, angespannte Schultern etc. – versteht sie nun als natürliche Schutzreaktionen des Körpers und kann ihn akzeptieren. Sie ist neugierig, wie sie die nächste Gesamtkonferenz als Chance, etwas Neues auszuprobieren, nutzen wird. Wohlwissend, dass alles auch ganz anders kommen kann und es noch viele Gesamtkonferenzen und Dienstbesprechungen geben wird, in denen sie üben kann, nimmt sie sich für die nächste Konferenz vor, bei einer kritischen Äußerung ihr gegenüber bewusst länger zu atmen. Langes Ausatmen wirkt über den Vagusnerv beruhigend. Sie weiß, dass die Wahrscheinlichkeit hoch ist, dass der Kollege sein Kommunikationsmuster ändert, sobald sie ein neues Verhalten zeigt und für ihn in der Gelassenheit kreative Entgegnungen eher findet.

Mit dem Rad der Selbstführung ist es gut möglich, in einer gewissen zeitlichen und räumlichen Distanz und in einer Metaposition sein eigenes Kommunikationsmuster zu reflektieren. Einsatzmöglichkeiten für das Tool bieten sich auch im Schulleitungsteam, wenn eine gewisse Reflexionskompetenz vorhanden und ein Gefühl von Sicherheit spürbar ist. Visualisierungsmodelle, wie das Rad der Selbstführung, haben den Vorteil, dass die inneren Vorgänge aus einem gewissen Abstand betrachtet werden können. Dadurch entsteht eine Art spielerischer Umgang mit emotional belastenden Situationen und der Forschergeist wird gelockt.

Das Rad der Selbstführung ist ein Übungsmodell. Die Aufforderung im Coaching für Schulleitungspersonen lautet, regelmäßig Übungssituationen zu finden. Dadurch kann mit der Zeit aus einer oft als belastend erlebten Erstreaktion eine professionelle Zweitreaktion entwickelt werden. Die Lust auf mehr entsteht dann aus der positiven Erfahrung von Selbstwirksamkeit. Die Erfahrung von Selbstwirksamkeit ist ein guter Motor für weitere Übungen zur Entwicklung von Gelassenheit und Souveränität für eine gelingende Praxis.

3 Gelungene Praxis

3.1 Lösung zum Praxisbeispiel 1

In der in Praxisbeispiel 1 geschilderten Bedrohungssituation reagierte Herr Göbel aus der Sicht der Polyvagaltheorie völlig gesund und effektiv, indem er sich zunächst in geduckter Haltung schützt und dem »Angreifer« nicht in die Augen schaut. Allerdings sind seine Reaktionsmöglichkeiten in einer Angstreaktion begrenzt. Es geht zunächst nur um seinen eigenen Schutz. Die Körperreaktionen bei Bedrohungen oder auch bei kleineren Verunsicherungen sind oft unbewusste Reaktionen, die über das autonome Nervensystem gesteuert sind und in dem Augenblick der Gefahr nicht bewusst kontrolliert werden können. In der Regel bewerten Führungspersonen, besonders männliche Schulleiter, diese Reaktionen negativ als Schwäche.

Wie im Rad der Selbstführung beschrieben, ist die Akzeptanz der Erstreaktion sinnvoll. Die erlebte Angst und ihre somatischen Reaktionen können als überlebensnotwendige Reaktionen des autonomen Nervensystems gedeutet werden. Eine wütende Reaktion gegenüber dem Vater hätte in dem Fallbeispiel auch erfolgen können. Allerdings wäre der Ausgang des Gesprächs ein anderer gewesen. So hat Herr Göbel abgewartet und sich mit der Zeit etwas sammeln können. Beim Aufstehen für die Verabschiedung kann er sein Atemmuster verändern, auf die Eltern blicken und mit einer gewissen Ruhe antworten und mitteilen, dass er ihnen in den nächsten Tagen eine Rückmeldung geben wird. Erbost verlassen die Eltern das Schulleitungsbüro und eine schriftliche Anfechtung der Note liegt einen Tag später bei Herrn Göbel auf dem Schreibtisch.

Situationen, in denen sich Schulleiter durch eine Bedrohung verunsichert fühlen, sind nicht selten und sie können zu einer nachhaltigen Belastung werden. Herr Göbel unternimmt nach dem Konfliktgespräch wichtige Schritte zur Verarbeitung der Situation. Er sucht das Gespräch mit dem Schulleiterteam, er holt sich Rat bei erfahrenen Schulleiterinnen und kontaktiert sofort das Ministerium. Hier findet er einen sicheren Rückhalt bei der Referatsleiterin. Damit ist er nicht mehr allein mit diesem Erlebnis. Es wird nach den Sommerferien eine Notenkonferenz einberufen, die eine Hebung der Note ablehnt. Interessant ist, dass Herr Göbel noch Monate nach diesem Ereignis einen erhöhten Herzschlag verspürt, wenn er über diese Situation berichtet. Die betroffenen Eltern haben sich bisher nicht noch einmal gemeldet und Herr Göbel hat bis heute keinen Rechtsstreit in der Schule erleben müssen. Allerdings hat er das Erlebnis in einer systemischen Supervision bearbeitet, um auf eine nächste »Bedrohung« besser vorbereitet zu sein.

Wenn ich diese Fallgeschichte in Workshops für Schulleiter/-innen und im Rollenspiel einsetze, erfahre ich von den jungen Teilnehmenden zu achtzig Prozent eine Angstreaktion mit entsprechenden Körperreaktionen, zwanzig Prozent reagieren mit Wut und werfen die Eltern aus dem Büro.

3.2 Lösung zum Praxisbeispiel 2

In der in Praxisbeispiel 2 dargestellten Situation hat Herr Göbel eine schwierige Position. Wenn er sich nicht neutral oder allparteilich verhält, bildet er schnell eine Koalition mit der Mutter, dem Schüler oder der Lehrerin. Verlässt er den Kontext Moderation und geht in den Kontext Schulleitung, wird er eher der Lehrerin beistehen und das Gespräch ohne Lösung beenden müssen. Schreibt er nicht das Ziel der Mutter auf, auch wenn es im ersten Moment verletzend gegenüber der Lehrerin wirkt, respektiert er nicht ihre Sicht der Dinge. So bleibt Herr Göbel konsequent im Kontext der Moderation und notiert wie vereinbart alle Ziele auf der Flipchart. Die Kollegin kann nach der anfänglich emotionalen Gegenreaktion sehr professionell agieren und formuliert ihr Ziel so: »Lars soll regelmäßig seine Hausaufgaben machen.« Der Junge hat das Ziel, einen guten Abschluss zu machen. Damit ist ein Angebot für ein höheres Ziel gefunden und alle Teilnehmenden schätzen auf einer Skala von 0 bis 10 die Chancen für einen guten Abschluss ein. Bemerkenswert ist, dass die Lehrerin die Aussichten für einen guten Abschluss bei Lars positiver bewertete als seine Mutter. Die Lehrerin begründet ihre Wahl mit der hohen Intelligenz von Lars: »Er ist ein schlauer Schüler, er versteht die Dinge schnell.« Bei dieser Äußerung der Lehrerin lächeln Mutter und Sohn. Im Laufe des Gesprächs können einige Lösungen für die Förderung des Schülers gefunden werden. Bei der Frage von Herrn Göbel an die Mutter, ob ihr ursprüngliches Ziel, Frau Müller müsse weg, förderlich für das vereinbarte höhere Ziel wäre, antwortet die Mutter: »Ach, wissen Sie, Herr Göbel, vergessen Sie diesen Satz, ich war einfach so aufgewühlt und da musste ich das sagen. Ich sehe jetzt, dass Frau Müller Interesse hat, meinen Sohn zu fördern.«

Die Herausforderung in diesem Klärungsgespräch war für Herrn Göbel, seine Neutralität zu bewahren und nicht in die Bewertung zu gehen. Er signalisierte, dass er die emotional aufgeheizte Situation aushält und in der Lösungssuche beharrlich bleibt. Die Gefahr, in den Sog der Emotionen zu geraten, ist in solchen Situationen sehr groß. Im Vorfeld solcher Klärungsgespräche ist es daher sinnvoll, die Kollegen auf mögliche emotionale Ausbrüche aufmerksam zu machen.

Eine Visualisierung der unterschiedlichen Ziele und der verschiedenen Auffassungen über die Hindernisse können Empörungen und Emotionen abkühlen (von Schlippe, 2014, S. 175 ff.). Erst wenn alle

Beteiligten sich in Sicherheit fühlen können, werden Verteidigungsmechanismen wie Flucht- und Kampfreaktionen gedämpft. Eine kooperative Haltung war in dem Gespräch erst möglich, nachdem die Teilnehmenden ihren Zustand der Empörung verändern konnten.

Auch in diesem Praxisbeispiel wurde das vereinbarte Bilanzierungsgespräch seitens der Eltern nicht mehr wahrgenommen. Eine telefonische Nachfrage ergab, dass die Beziehungen zwischen Lehrerin und Schüler sowie zwischen Lehrerin und Mutter sich positiver gestalteten, zudem konnte sich Lars besser auf den Unterricht konzentrieren und erzielte gute Leistungen.

3.3 Lösung zum Praxisbeispiel 3

In dem dritten Praxisbeispiel aus dem Schulleitungsalltag bekommt Herr Göbel eine offene Rückmeldung über all die Dinge, die aus der Sicht des Kollegiums an der Schule nicht gut laufen. Die Kritik trifft ihn in Form des Protokolls aus der vorangehenden Personalratssitzung.

Voller Wut und Frustration ruft Herr Göbel seinen Didaktik-Leiter, einen hervorragenden Lehrer, Organisator und Schulentwickler aus seinem Schulleitungsteam. Eine Zeit lang hört dieser seinem Schulleiter zu und sagt ihm dann: »Horst, sieh dir diese Auflistung über das, was alles schlecht läuft, auch mal von einer anderen Seite an. Das ist doch das, was du in deinem Führungsstil immer wolltest. Die Kollegen können dir offen und klar rückmelden, wo ihnen der Schuh drückt. Sie trauen sich auch auf den Punkt und emotional zu sagen, was sie wahrnehmen, ohne dass sie von dir Repressalien zu erwarten haben. Das ist doch das, was du mit deiner Theorie der transparenten Kommunikation immer wolltest.« Herr Göbel ist ganz still, denkt noch eine Minute über die Worte seines Kollegen nach, sein Gesichtsausdruck wandelt sich von verzerrter Anspannung in ein entspanntes Lächeln. Ihm fällt es wie Schuppen von den Augen. Sein Kollege hat ihm gerade eine Umdeutung, ein Reframing der negativen Rückmeldung des Personalrates gegeben. Herr Göbel grinst. In diesem Augenblick erinnert er sich an seine Ausbildung als systemischer Berater. Wie aus einem Adlerhorst kann Herr Göbel nun aus einer gewissen Distanz auf seine Erstreaktion blicken. »Mein Nervensystem scheint noch gut zu funktionieren«, sagt er seinem Kollegen augenzwinkernd. Herr Göbel beschließt gemeinsam mit seinem Schulleitungsteam bei der nächsten Dienstbesprechung diesen Prozess transparent zu machen. Er setzt die Themen »Rückmeldung des Personalrates« und »Kritik an dem Führungsstil des Schulleiters« als einzige Punkte auf die Tagesordnung der Dienstbesprechung. Der mutige und offene Austausch über seine empörte Erstreaktion und seine regulierte Zweitreaktion nach einer Umdeutung kommt in der Dienstbesprechung gut an. Das Gespräch verläuft erstaunlich sachlich. Es können in einem guten Ton weitere Themen angesprochen werden. Auch der Wunsch von Herrn Göbel, neben kritischen Rückmeldungen auch Dinge zu erwähnen, die von der Schulleitung gut in der Schule umgesetzt werden, stößt auf Zustimmung im Kollegium.

3.4 Musterwechsel in der Dienstbesprechung

Leserinnen und Leser, die im Schuldienst tätig sind, kennen die elend langen Dienstbesprechungen und Gesamtkonferenzen. Die Effektivität mancher Dienstbesprechungen hält sich in Grenzen. Die Rituale wiederholen sich. Nach zwei Stunden beantragen die immer gleichen Kolleginnen und Kollegen noch einige Punkte unter Verschiedenes. Dann dauerte die Dienstbesprechung oft noch eine Stunde länger. Einige Lehrkräfte beteiligen sich begeistert an den oft emotional geführten Diskussionen, andere fangen an, ihre Klassenarbeiten zu korrigieren. Schulleitungspersonen werden dann mit der Zeit immer nervöser und fangen an, Kommentare von bestimmten Kollegen abzuwürgen. Das heizt die Stimmung noch weiter auf. Was ist dann zu tun? Der folgende kurz beschriebene Rahmen einer Dienstbesprechung kann im Ablauf und in der Konzentration einen Musterwechsel herbeiführen:

Sich einmal im Monat für 45 Minuten zusammenzusetzen, ergibt einen guten Tagungsrhythmus, der weder zu lang noch zu kurz ist. Als Sitzordnung empfiehlt sich ein offener Stuhlkreis, dafür sollten möglichst nicht mehr als fünfzig Personen teilnehmen. Die Sitzung sollte in der Regel nach der vorgesehenen Zeit oder früher beendet werden, nur bei überwiegender Zustimmung der Teilnehmenden darf der Termin um maximal 15 Minuten verlängert werden. Im Vorfeld der Dienstbesprechung wird spätestens drei Tage vor dem eigentlichen Termin ein Informationsbrief mit wichtigen Hinweisen an die Beteiligten geschickt. In der eigentlichen Dienstbesprechung bildet der Informationsbrief den ersten Tagesordnungspunkt. Wenn das Kollegium zu ihm keine Fragen stellt, bedeutet das, dass es den dort aufgeführten Inhalten zustimmt. Anschließend visualisiert die Schulleitungsperson die Tagesordnung auf einer Flipchart, auf die der offene Stuhlkreis ausgerichtet ist. Zur Entlastung der Schulleiterin werden Aufgaben an verschiedene Mitglieder des Schulleitungsteams verteilt; wer was übernimmt, wurde bei der Vorbesprechung festgelegt. In turbulenten Phasen wird mit Hilfe einer Metakommunikation, d. h., es wird eine Rückmeldung gegeben, wie zurzeit miteinander kommuniziert wird, ein Innehalten initiiert. Die Schulleiterin, die die Dienstbesprechung moderiert, nimmt sich eine kurze Mikropause, wenn sie diese benötigt. In der Sitzung nimmt sie als Moderatorin eine neutrale Haltung ein, als Schulleiterin zeigt sie hingegen eine klare Positionierung. Am Ende des Termins bedankt sie sich beim Kollegium für dessen hohe Konzentration und aktive Beteiligung.

3.5 Einladung zur transparenten Kommunikation

Wie in vielen anderen Organisationen auch erleben Führungsteams in Schulen mitunter die Situation, dass in schwierigen Zeiten, wenn Unzufriedenheit überwiegt, diffuse Bemerkungen über mangelnde Führung fallen. Häufig ist diese Unzufriedenheit berechtigt, allerdings werden die Gründe hierfür allzu oft vereinfacht und ausschließlich in der Führungsarbeit gesucht, ganz nach dem Motto: »Wenn es gut läuft, denken wir systemisch und alle sind am Erfolg beteiligt, wenn es schlecht läuft, denken wir lieber monokausal und die Führung schwächelt.« Damit solche Ansichten nicht nur in kleinen Gruppen, auf dem Flur oder eskalierend in Dienstbesprechungen kommuniziert werden, braucht es in Schulen einen Kommunikationsraum, in dem eine klare Aussprache und ein konstruktiver Austausch zwischen Schulleitung und Kollegium gelingen kann. Wie ist ein solcher Kommunikationsraum zu initiieren? Ein erster Schritt kann eine vom ganzen Schulleitungsteam verfasste Nachricht an das Kollegium sein.

Liebe Kolleginnen und Kollegen,

in den letzten Wochen nehmen wir von euch zunehmend Ärger und Frustration gegenüber der Schulleitung wahr, besonders bezüglich der Kommunikation zwischen Schulleitung und Kollegium. Wir spüren bei euch den Wunsch nach mehr Orientierung und Entschlossenheit von Seiten des Schulleiters. Einige Kolleginnen und Kollegen berichten von einer erheblichen Verschlechterung der Kommunikation auch im Umgang untereinander. Es besteht der Wunsch, dass wir mehr kontrollieren und auf Gerechtigkeit achten sollen. Da wir den Eindruck gewonnen haben, als Schule in einem »atmosphärischen Tief« zu stecken, bieten wir einen Termin für eine offene Aussprache mit der Schulleitung am 3. September um 14.00 Uhr in Raum B12 an. Wir sind der Ansicht, dass wir gemeinsam in einen Dialog über Führungs- und Kommunikationsverhalten treten sollten, damit sich eine Arbeitsatmosphäre entwickeln kann, die wir uns alle für die Zukunft wünschen.

Vorteilhaft ist, wenn ein solches Treffen in einem offenen Stuhlkreis mit der Möglichkeit der Visualisierung stattfindet. Ein Mitglied aus dem Schulleitungsteam sollte bei diesem Termin die Moderation übernehmen. Es ist empfehlenswert, die Teilnahme an solchen Feedback-Treffen als freiwillig zu kennzeichnen und nicht als Dienstbesprechung anzuordnen. Die Ergebnisse des Treffens können später in einem Studientag oder in einer Dienstbesprechung vorgestellt und mit allen diskutiert werden. Eine vorherige Absprache mit dem Personalrat ist ratsam, sie bindet die Mitglieder des Personalrates in die gemeinsame Verantwortung für die Schulentwicklung ein. Mit der schriftlichen Einladung zu einem Feedback-Gespräch hat das Schulleitungsteam den Vorteil, den Inhalt der Nachricht in Ruhe formulieren und sich auf das Treffen gut vorbereiten zu können. Schwierig wird es, wenn angestaute Unzufriedenheit in einer Dienstbesprechung explosionsartig und für das Schulleitungsteam unvorbereitet formuliert wird. Erfahrungen zeigen, dass auf Augenhöhe geführte transparente Feedback-Gespräche zwischen Kollegium und Schulleitung zur Verbesserung der Arbeitsatmosphäre erheblich beitragen.

3.6 Neutralität statt Koalitionen

Koalitionen sind in Organisationen beliebt. Man kann sich einem Lager zugehörig fühlen und hat einen gemeinsamen »Gegner«. Schulleiter fördern solche Koalitionsbildungen, wenn sie signalisieren, dass sie zu einigen Lehrkräften besseren Zugang finden als zu anderen.

Die Auswirkungen von solchen Koalitionsbildungen musste eine junge Kollegin erfahren, als sie ihrem Schulleiter mitteilte, dass sie gemeinsam mit einer älteren und erfahrenen Kollegin ein Projekt starten wolle. Sie bekam vom Schulleiter folgende Antwort: »Wenn du mit dieser Kollegin zusammenarbeitest, bist du bei mir unten durch.« Diese drohende Bemerkung traf die Kollegin unvorbereitet. Sie war für einen Moment völlig sprachlos und fühlte sich wie gelähmt. Sie hatte nur einen Jahresvertrag und wollte es sich mit dem Schulleiter nicht verscherzen. Gleichzeitig war sie sehr motiviert, mit der erfahrenen Kollegin das Projekt zu organisieren. Egal, wie sie sich in dieser Situation entscheiden würde, es hätte unangenehme Konsequenzen für sie. Sie war in einem echten Dilemma. Sie wollte es sowohl dem Schulleiter als auch der Kollegin recht machen.

Wie kam es zu dieser extremen Haltung des Schulleiters? Die ältere Kollegin und er hatten seit Jahren einen Konflikt, der besonders in Dienstbesprechungen aufflammte. Die Auseinandersetzungen weiteten sich dann schnell auf andere Personen aus. Im Laufe der Zeit hatten sich zwei Gruppen gebildet, die sich verbal attackierten: die Koalitionspartner des Schulleiters gegen die Koalitionspartner der älteren Kollegin. Scheinbar war es dem Schulleiter wichtig, dass neue Lehrpersonen keine Koalition mit der anderen Gruppe eingingen.

Der Sog einer Koalition kann sehr stark sein, dann ist es hilfreich, sich die systemische Haltung mit ihren wesentlichen Aspekten der Allparteilichkeit und Neutralität in Erinnerung zu rufen. Eine solche Haltung wird einfacher, sobald es eine gute Entwicklung im Schulleitungsteam gibt. Hat die Schulleiterin eine vertrauensvolle und wertschätzende Beziehung zu ihren Teammitgliedern, kann sie dem Kollegium gegenüber eher eine neutrale Haltung einnehmen. Neutralität bedeutet nicht, keine Position einzunehmen, sondern lediglich neutral gegenüber anderen Ideen zu sein.

3.7 Selbstfürsorge im Dilemma zwischen Erlass und Entwicklung

Aufgrund der Strukturen im staatlichen Bildungssystem kommen Schulleitungspersonen in Deutschland häufig in das Dilemma, zwischen strategischen Entscheidungen der obersten Schulbehörde und dem Engagement für die eigene Schulentwicklung priorisieren zu müssen. Ein Beispiel: Der Schulleiter Herr Göbel weiß, dass er als Beamter seinem Dienstherrn, dem Staat, unterstellt ist und viele Dinge in Erlassen und Verordnungen festgelegt sind. Gleichzeitig braucht er zur Entwicklung seiner Schule, die sich ständig im Wandel befindet, Entscheidungsspielräume in der Personalplanung, Budgetierung oder dem Projektmanagement. Zwischen diesen sprichwörtlichen Stühlen sitzend hat er oft das Gefühl von Verzweiflung, Ohnmacht und Wut erlebt. Lange hat er mit sich selbst und seiner Position gehadert, wenn er sich wieder einmal in einer scheinbar ausweglosen Zwickmühle befand. In Folge der theoretischen und praktischen Auseinandersetzung mit Dilemmata erprobt er seit einiger Zeit folgende Vorgehensweise:

1. Er bleibt nicht mehr allein mit seinem Problem, sondern thematisiert die Situation offen gegenüber seinem Schulleitungsteam. Dort werden unterschiedliche Vorgehensweisen bespro-

chen. Hierbei hilft ihm seine Kompetenz, nicht direkt entscheiden zu müssen und die Dinge auch mal stehen lassen zu können.

2. Herr Göbel hat sich bei dem letzten Dilemma, bei dem es um widersprüchliche Personalentscheidungen ging, direkt mit der zuständigen Referentin im Ministerium zusammengesetzt. Hier konnte er seine Zwickmühle vortragen und fand auch ein offenes Ohr. In diesen Gesprächen hört er manchmal heraus, dass Ministerialbeamtinnen auch in Zwangslagen stecken, wenn sie Entscheidungen akzeptieren müssen, mit denen sie nicht einverstanden sind.
3. Gibt es in einer Dilemmasituation keine Verhandlungsmöglichkeiten mehr, unterscheidet Herr Göbel zwischen Strukturen und Regeln des Systems und seiner individuellen Betroffenheit. So schafft er es, strategische Entscheidungen des Ministeriums, die ihn in einen Loyalitätskonflikt bringen, nicht als individuelles Versagen zu konstruieren, sondern als etwas dem System Immanentes zu sehen.
4. Spürt Herr Göbel trotz all seiner neuen Erkenntnisse und Vorgehensweisen die Gefühle von Ohnmacht, Schuld und Wut, sieht er sie als eine berechtigte Erstreaktion. Er bleibt in diesen Gefühlen aber nicht mehr so lange gefangen. Er schafft es immer besser, eine unreflektierte Emotion im ersten Schritt zu akzeptieren und im zweiten Schritt neugierig zu hinterfragen. Damit steigt er aus der Dämonisierungsspirale aus und tut sich damit selbst einen Gefallen.

Mit diesen für ihn neuen Vorgehensweisen kann sich Herr Göbel in Dilemmatasituationen besser führen und erlebt mehr Selbstwirksamkeit.

3.8 Herr Göbel wirkt irgendwie gelassener

Herr Göbel, der Schulleiter einer Gesamtschule, hat vor einigen Jahren damit begonnen, sich für Achtsamkeitsübungen und Selbstführung zu interessieren. Er hat gemerkt, dass der Job als Schulleiter nicht nur auf die Nerven geht, sondern auch eine permanente Anspannung bewirkt. Nach einem achtwöchigen MBSR-Kurs (Mindfulness-Based Stress Reduction nach Jon Kabat-Zinn) hat er sich entschlossen, täglich einige einfache Übungen zu praktizieren, bevor er zur Schule geht. Er nimmt sich morgens zwei Stunden Zeit für Duschen, Frühstück und seine Achtsamkeitsübungen. Mit diesen Ritualen entschleunigt er bereits seinen Morgen. Außerdem parkt er jetzt etwas weiter weg von der Schule und nutzt die Wegstrecke zwischen Auto und Schulgebäude bewusst für einige Atemübungen. Mit ihnen bereitet er sich, wie ein guter Schauspieler, vor, dass er gleich auf die Bühne des Schullebens tritt: sehr präsent und ausgeglichen. Auf seinem Weg nimmt er wahr, dass er die Schülerinnen und Schüler freundlich begrüßt und diese ihm ein etwas verschlafenes, aber freundliches Lächeln und »Guten Morgen, Herr Göbel!« zurück schenken. Sein Gang ist aufrechter als früher. Er nimmt eher Augenkontakt mit den Personen auf, die ihm in der Schule begegnen. Während des Arbeitstages hat er sich angewöhnt, kleine Mikropausen einzulegen. So lehnt er sich bei einem Telefonat auf seinem Schreibtischstuhl zurück und legt die Füße auf die Tischplatte. Er hat festgestellt, dass er in dieser Position freundlicher und gelassener sprechen kann als in einer angespannten Sitzhaltung. Nach dem Telefonat verweilt er für eine Minute in dieser Haltung und geht dann an die nächste Aufgabe. Aufgrund seiner täglichen Übungen kann er sich sehr schnell für zwei Minuten entspannen. Herr Göbel merkt, dass er mit dieser neuen inneren Haltung Gelassenheit gewinnt, die dazu führt, dass er anders mit seinen Kollegen reden kann als früher.

Er hat das Gefühl, wirksamer zu sein. Kommt er mal in ein Dilemma, weiß er, wie er darin navigieren kann. Seinen inneren Drang, es allen Anspruchstellern des Schulsystems recht zu machen, hat er aufgeben können. Er achtet mehr auf seine eigenen Werte und überprüft, welchen Preis er für die eine oder andere Entscheidung bezahlen will. In seinem Schulleitungsteam macht er seine innere Ambivalenz transparent. Mit seiner erworbenen Gelassenheit kann er es jetzt gut zulassen, dass andere neben ihm aufblühen und Führungseinfluss übernehmen. Wenn es mal turbulent zugeht, muss Herr Göbel nicht mehr allein eingreifen. Die Führungsverantwortung ist im Schulleitungsteam gut verteilt. Herr Göbel hat sich mit seinen Reaktionen auf Empörung und Klagen bewusst auseinandergesetzt. Seit einigen Monaten kommt er jetzt mit manch barschem Ton besser klar. Er bleibt präsent, wenn ein Schüler oder eine Kollegin mal schlecht gelaunt ist. Neugierig wartet er wie ein forschender Wissenschaftler auf einen neuen Konflikt. Er sucht förmlich nach Möglichkeiten, um in Klärungsgesprächen kreative Lösungen zu finden. So fragt er sich, wie er wohl das nächste Mal reagieren wird, wenn einer der Teilnehmenden eine laute Drohung ausspricht.

Bevor Herr Göbel nach Hause fährt, übt er in der Schule noch etwas auf seinem Saxofon und macht dabei intensive Atemzüge. Bei den chromatischen Tonleitern muss er einen besonders langen Atem haben. Mit Musik im Kopf geht er dann langsam zum Auto und fährt nach Hause. Hier wartet schon sein Hund auf einen langen Spaziergang im Wald. Irgendwie macht ihm die Arbeit als Schulleiter nun mehr Spaß als früher. Er freut sich auf die nächsten Jahre.

III

Am Ende

Literatur

Arnold, R., Arnold-Haecky, B. (2009). Der Eid des Sisyphos. Eine Einführung in die Systemische Pädagogik. Baltmannsweiler: Schneider.

Bauman-Habersack, F. H. (2017). Mit neuer Autorität in Führung. Führungshaltung für das 21. Jahrhundert (2. Aufl.). Wiesbaden: Springer Gabler.

Baumann-Habersack, F. H. (2019). Neue Autorität und Führung in Unternehmen. In B. Körner, M. Lemme, S. Ofner, T. von der Recke, C. Seefeldt, H. Thelen (Hrsg.), Neue Autorität – Das Handbuch. Konzeptionelle Grundlagen, aktuelle Arbeitsfelder und neue Anwendungsgebiete (S. 367–384). Göttingen: Vandenhoeck & Ruprecht.

Buchen, H., Horster, L., Rolff, H. G. (Hrsg.) (2000). Angst und Schulleitung – ein Tabu. Stuttgart: Raabe.

Ciompi, L. (2019). Affektlogik: Über die Struktur der Psyche und ihre Entwicklung. Heidelberg: Carl-Auer.

Dana, D. (2018). Die Polyvagaltheorie in der Therapie. Den Rhythmus der Regulation nutzen. Lichtenau/Westf.: G. P. Probst.

Engel, G. (2013). Konflikte begrüßen lernen. Erfahrungsbericht aus dem Schulleiterbüro. Systemische Pädagogik, 2 (3), 16–19.

Engel, G. (2018a). Self Leadership und Führung. In F. von Ameln, Führung und Beratung: Kognitive Landkarten durch die Welt der Führung für Coaching, Supervision und Organisationsberatung (S. 124–132). Göttingen: Vandenhoeck & Ruprecht.

Engel, G. (2018b). Konflikte begrüßen lernen. Lösungsorientiertes Konfliktmanagement im Schulleiterbüro. Schulverwaltung aktuell. Zeitschrift für Schulentwicklung und Schulmanagement, 6 (2), 58–59.

Furtner, M. (2017). Self-Leadership. Basics. Wiesbaden: Springer.

Furtner, M., Baldegger, U. (2013). Self-Leadership und Führung. Theorien, Modelle und praktische Umsetzung. Wiesbaden: Springer Gabler.

Glasl, F. (1980/2013). Konfliktmanagement. Handbuch für Führungskräfte, Beraterinnen und Berater (11. Aufl.). Bern/Stuttgart: Haupt/Freies Geistesleben.

Groth, T. (2017). 66 Gebote systemischen Denkens und Handelns in Management und Beratung (2., überarb. Aufl.). Heidelberg: Carl-Auer.

Horster, L., Angilletta, S. P., Burkard, C. (2000). Angst von Leitungspersonen in Schule und Studienseminar. Ergebnisse einer Befragung von Schulleitern. In H. Buchen, L. Horster, H. G. Rolff (Hrsg.), Angst und Schulleitung – ein Tabu (S. 56–69). Stuttgart: Raabe.

Jahn, R. (2017). Im Sog des Infantilen: Schulleitung als Beruf. Wiesbaden: Springer.
Kabat-Zinn, J. (1990/2013). Gesund durch Meditation: Das große Buch der Selbstheilung mit MBSR. München: Knaur.
Kaltwasser, V. (2016). Praxisbuch Achtsamkeit in der Schule: Selbstregulation und Beziehungsfähigkeit als Basis von Bildung. Weinheim: Beltz.
Kaltwasser, V. (2018). Persönlichkeit und Präsenz. Achtsamkeit im Lehrerberuf (2., überarb. Aufl.). Weinheim/Basel: Beltz.
Körner, B., Lemme, M., Ofner, S., von der Recke, T., Seefeldt, C., Thelen, H. (Hrsg.) (2019). Neue Autorität – Das Handbuch. Konzeptionelle Grundlagen, aktuelle Arbeitsfelder und neue Anwendungsgebiete. Göttingen: Vandenhoeck & Ruprecht.
Lemme, M., Körner, B. (2019). Präsenz und Resonanz in Supervision. In B. Körner, M. Lemme, S. Ofner, T. von der Recke, C. Seefeld, H. Thelen (Hrsg.), Neue Autorität – Das Handbuch. Konzeptionelle Grundlagen, aktuelle Arbeitsfelder und neue Anwendungsgebiete (S. 321–342). Göttingen: Vandenhoeck & Ruprecht.
Levine, P. A. (2011). Sprache ohne Worte. Wie unser Körper Trauma verarbeitet und uns in die innere Balance zurückführt. München: Kösel.
Lewin, K. (1951). Field theory in social science. Selected theoretical papers. Edited by D. Cartwright. New York: Harper & Row.
Luhmann, N. (1984). Soziale Systeme. Grundrisse einer allgemeinen Theorie. Frankfurt a. M.: Suhrkamp.
Maturana, H. (1982). Erkennen: Die Organisation und Verkörperung von Wirklichkeit. Braunschweig: Vieweg.
Molter, J. J., Nöcker, K. (2018). Systemisch Schule machen: Toolbox für Lehrer. Heidelberg: Carl-Auer.
Müller, F. G., Braun, W. (2009). Selbstführung. Wege zu einem erfolgreichen und erfüllten Berufs- und Arbeitsleben. Bern: Huber.
Neck, C. P., Manz, C. C., Hougthon, J. D. (2017). Self leadership. The definitive guide to personal excellence. Thousand Oaks: Sage.
Omer, H., Allôn, N., Schlippe, A. von (2007). Feindbilder. Psychologie der Dämonisierung. Göttingen: Vandenhoeck & Ruprecht.
Omer, H., Schlippe, A. von (2002). Autorität ohne Gewalt: Coaching für Eltern von Kindern mit Verhaltensproblemen. »Elterliche Präsenz« als systemisches Konzept. Göttingen: Vandenhoeck & Ruprecht.
Omer, H., Schlippe, A. von (2004). Autorität durch Beziehung. Die Praxis des gewaltlosen Widerstandes in der Erziehung. Göttingen: Vandenhoeck & Ruprecht.

Porges, S. W. (2010). Die Polyvagal-Theorie. Neurophysiologische Grundlagen der Therapie. Emotionen, Bindung, Kommunikation und ihre Entstehung. Paderborn: Junfermann.

Porges, S. W. (2017a). Die Polyvagal-Theorie und die Suche nach Sicherheit. Traumabehandlung, soziale Sicherheit und Bindung. Lichtenau/Westf.: G. P. Probst.

Porges, S. W. (2017b). Präsenz und Mitgefühl. Leitbahnen des Vagus – Tore zu Mitgefühl und Nervensystem. DVD 1. Beiträge des 11. Schweizer Bildungsfestivals. Mühlheim/Baden: Auditorium Netzwerk.

Porges, S. W. (2019). Die Polyvagal-Theorie. Eine Einführung. In S. W. Porges, D. Dana (Hrsg.), Klinische Anwendung der Polyvagal-Theorie. Ein neues Verständnis des Autonomen Nervensystems und seiner Anwendung in der therapeutischen Praxis (S. 67–85). Lichtenau/Westf.: G. P. Probst.

Porges, S. W., Dana, D. (Hrsg.) (2019). Klinische Anwendung der Polyvagal-Theorie. Ein neues Verständnis des Autonomen Nervensystems und seiner Anwendung in der therapeutischen Praxis. Lichtenau/Westf.: G. P. Probst.

Prior, M., Winkler, H. (2012). MiniMax für Lehrer. 16 Kommunikationsstrategien mit maximaler Wirkung (3. Aufl.). Weinheim/Basel: Beltz.

Rechtschaffen, D. (2016). Die achtsame Schule. Achtsamkeit als Weg zu mehr Wohlbefinden für Lehrer und Schüler. Freiburg: Arbor.

Rechtschaffen, D. (2018). Die achtsame Schule – Praxisbuch. Leicht anwendbare Anleitungen für die Vermittlung von Achtsamkeit. Freiburg: Arbor.

Reich, K. (1996/2010). Systemisch-konstruktivistische Pädagogik. Einführung in Grundlagen einer interaktionistisch-konstruktivistischen Pädagogik (6. Aufl.). Weinheim: Beltz.

Rosa, H., Endres, W. (2016). Resonanzpädagogik. Wenn es im Klassenzimmer knistert (2., erw. Aufl.). Weinheim/Basel: Beltz.

Schlippe, A. von (2014). Das kommt in den besten Familien vor … Systemische Konfliktberatung in Familien und Familienunternehmen. Stuttgart: Concadora.

Schlippe, A. von (2019). Skizzen einer Systemtheorie der Neuen Autorität – Was können wir von Unternehmerfamilien lernen? In B. Körner, M. Lemme, S. Ofner, T. von der Recke, C. Seefeld, H. Thelen (Hrsg.), Neue Autorität – Das Handbuch. Konzeptionelle Grundlagen, aktuelle Arbeitsfelder und neue Anwendungsgebiete (S. 86–102). Göttingen: Vandenhoeck & Ruprecht.

Schlippe, A. von, Schweitzer, J. (2012). Lehrbuch der systemischen Therapie und Beratung I: Das Grundlagenwissen. Göttingen: Vandenhoeck & Ruprecht.

Schlippe, A. von, Schweitzer, J. (2019). Gewusst wie, gewusst warum. Die Logik systemischer Interventionen. Göttingen: Vandenhoeck & Ruprecht.

Schratz, M. (2001). Pädagogisches Leadership. Studienbrief SEM0120 der Fernuniversität Kaiserslautern. Kaiserslautern: o. V.

Schulte, Th. (2015). Leistung und Leichtigkeit. Das wahre Potenzial von Organisationen. Wiesbaden: Springer.

Schwehm, J. (2017). Systemisch unterrichten: Fachunterricht prozessorientiert gestalten. Heidelberg: Carl-Auer.

Schweitzer, J., Schlippe, A. von (2014). Lehrbuch der systemischen Therapie und Beratung II: Das störungsspezifische Wissen (5. Aufl.). Göttingen: Vandenhoeck & Ruprecht.

Siebert, H. (2011). Lernen und Bildung Erwachsener. Bielefeld: W. Bertelsmann.

Simon, F. B. (2010). Einführung in die Systemtheorie des Konflikts. Heidelberg: Carl-Auer.

Storch, M., Kuhl, J. (2013). Die Kraft aus dem Selbst. PsychoGyms für das Unbewusste (2., überarb. Aufl.). Bern: Huber.

Storch, M., Tschacher, W. (2014). Embodied Communication. Kommunikation beginnt im Körper, nicht im Kopf. Bern: Huber.

van der Kolk, B. A. (2019). Sicherheit und Reziprozität: Die Polyvagal-Theorie als Rahmen für Verständnis und Behandlung von entwicklungsbezogenen Traumafolgestörungen. In S. W. Porges, D. Dana (Hrsg.), Klinische Anwendung der Polyvagal-Theorie. Ein neues Verständnis des Autonomen Nervensystems und seiner Anwendung in der therapeutischen Praxis (S. 43–48). Lichtenau/Westf.: G. P. Probst.

Vogel, D., Frischknecht-Tobler, U. (Hrsg.) (2019). Achtsamkeit in Schule und Bildung. Bern: hep, der Bildungsverlag.

Voß, R. (Hrsg.) (1996/2002). Die Schule neu erfinden. Systemisch-konstruktivistische Annäherung an Schule und Pädagogik (4., überarb. Aufl.). Neuwied: Luchterhand.

Zimmermann, A., Lemme, M. (2019). Neue Autorität, Neurologie und Bindung oder: Was genau wirkt da eigentlich wie? In B. Körner, M. Lemme, S. Ofner, T. von der Recke, C. Seefeld, H. Thelen (Hrsg.), Neue Autorität – Das Handbuch. Konzeptionelle Grundlagen, aktuelle Arbeitsfelder und neue Anwendungsgebiete (S. 137–163). Göttingen: Vandenhoeck & Ruprecht.

Zwack, J., Bossmann, U. (2017). Wege aus beruflichen Zwickmühlen. Navigieren im Dilemma. Göttingen: Vandenhoeck & Ruprecht.

Dank

Für die Fertigstellung dieses Buches möchte ich einigen Menschen danken. Mein besonderer Dank geht an Jochen Schweitzer. Ohne seine Initiative, seine Beratung und seine Aufmunterungen, würde es dieses Buch nicht geben. Von seinen Veröffentlichungen und seinen Seminaren profitiere ich seit über zwanzig Jahren. Mein Dank geht auch an Imke Heuer, meine Lektorin, die sich in beeindruckender Weise intensiv mit meinem Skript beschäftigte und den Text sprachlich auf ein neues Niveau brachte. Schließlich möchte ich meiner Frau danken, die mit viel Interesse meine Arbeit begleitete und mit Geduld mir an den Wochenenden und in den Ferien den notwendigen Freiraum ermöglichte.

Der Autor

Günter Engel, Realschullehrer, Familientherapeut, Systemischer Supervisor (HSI), Systemischer Organisationsberater (HSI), Coach, ist Schulleiter einer Gemeinschaftsschule im Saarland. Zudem ist er als Referent in der Fortbildung für Lehrer und Schulleiter und auf Schulleiterkongressen in Düsseldorf, Berlin, Saarbrücken und Wien tätig. Er hat ein abgeschlossenes Masterstudium im Fach Schulmanagement. Günter Engel ist Mitglied der Deutschen Gesellschaft für systemische Pädagogik. Zu seinen thematischen Schwerpunkten gehören systemisches Konfliktmanagement, achtsame Selbstführung und Führung sowie Anwendung der Polyvagaltheorie in Schulen.

Für das Projekt »Ansätze einer systemischen Führungskultur in der Schulpraxis zur Entwicklung einer lernenden Organisation« hat er 2008 den Weinheimer Preis zur Förderung systemischer Praxis erhalten.